URBANISMO, SEGURANÇA E LEI

TOMO II

Apoios:

Câmara Municipal de Évora

Ministério da Administração Interna
Gabinete Coordenador de Segurança

URBANISMO, SEGURANÇA E LEI

TOMO II

Coordenação:
MANUEL MONTEIRO GUEDES VALENTE

URBANISMO, SEGURANÇA E LEI – TOMO II

COORDENADOR
MANUEL MONTEIRO GUEDES VALENTE

EDITOR
EDIÇÕES ALMEDINA, SA
Av. Fernão Magalhães, n.º 584, 5.º Andar
3000-174 Coimbra
Tel.: 239 851 904
Fax: 239 851 901
www.almedina.net
editora@almedina.net

PRÉ-IMPRESSÃO | IMPRESSÃO | ACABAMENTO
G.C. – GRÁFICA DE COIMBRA, LDA.
Palheira – Assafarge
3001-453 Coimbra
producao@graficadecoimbra.pt

Janeiro, 2009

DEPÓSITO LEGAL
287770/09

Os dados e as opiniões inseridos na presente publicação
são da exclusiva responsabilidade do(s) seu(s) autor(es).

Toda a reprodução desta obra, por fotocópia ou outro qualquer
processo, sem prévia autorização escrita do Editor, é ilícita
e passível de procedimento judicial contra o infractor.

Biblioteca Nacional de Portugal – Catalogação na Publicação

SEMINÁRIO URBANISMO; SEGURANÇA E LEI, Évora,
2007

Urbanismo, Segurança e Lei / Seminário Urbanismo... ; org.
Universidade de Évora... [et al.] ; coord. Manuel Monteiro
Guedes Valente. – 2 v. – (Obras colectivas)
2º v.: 2009. -   p. - ISBN 978-972-40-3755-4

I – UNIVERSIDADE DE ÉVORA
II – VALENTE, Manuel Monteiro Guedes

CDU 711
351
061

NOTA PRÉVIA

Os textos que se publicam neste Tomo correspondem à maioria das conferências proferidas na segunda edição do seminário *Urbanismo, Segurança e Lei*, realizado nos dias 5 e 6 de Dezembro de 2007, na cidade de Évora, em parceria com a Universidade de Évora, com o Governo Civil do Distrito de Évora, com a Câmara Municipal de Évora, com o Comando de Polícia Distrital de Évora e com a Fundação Eugénio de Almeida.

O propósito dos dois seminários foi alertar o poder político-legislativo de que existe uma lacuna na legislação urbanística: a inexistência de norma jurídica que imponha a obrigatoriedade de parecer prévio das forças de segurança na aprovação de qualquer projecto urbanístico. Esta ideia ficou bem frisada no Seminário realizado na Faculdade de Arquitectura da Universidade do Porto, cujos textos se encontram publicados no Tomo I. No seminário de Évora, aprofundou-se a mesma ideia e ressaltou a importância da intervenção prévia das forças de segurança – por meio de pareceres sobre *security* – que permitam a edificação de um espaço promotor de bem estar e qualidade de vida, ou seja, detentor de segurança física e cognitiva num ambiente saudável: bens jurídicos fundamentais pessoais e colectivos.

Destes estudos ressalta a importância do estudo da segurança no plano científico e universitário num quadro de interdisciplinaridade. O discurso das ciências policiais fundamenta-se no discurso das ciências sociais e políticas, das ciências económicas e exactas e das ciências jurídicas. O espaço e a segurança adequada e necessária para esse espaço são um objecto rico de investigação universitária, sem menosprezar a cultura do ensino das informações pelas universidades.

Ganhou-se a consciência de que a segurança é um bem jurídico, um bem fundamental, um bem escasso, um valor individual e supra-individual para o qual contribuem vários factores – materiais (mecânicos e electrónicos, informáticos, digitais) e humanos –, cujo estudo cabe à universidade global aprofundar e dirigir com o propósito de criar um espaço físico mais livre, mais justo, mais solidário e mais humano.

É esta a mensagem que se pode retirar de todos os textos que se publicaram no Tomo I e que se publicam neste Tomo II. O aprofundamento dos direitos fundamentais passa, sem dúvida, pelo alargamento e aprofundamento do estudo dos direitos garantia – *maxime*, segurança – dos direitos fundamentais. A ciência não é mãe da sabedoria, mas é a filha mais velha da sabedoria, cuja missão é dar ao Homem um mundo melhor.

Lisboa, 25 de Novembro de 2008
MANUEL MONTEIRO GUEDES VALENTE

PROGRAMA

ÉVORA, 05 DE DEZEMBRO DE 2007

09H00 – Recepção dos Participantes

10H00 – Sessão Solene de Abertura

RUI PEREIRA – S. Exa. Ministro da Administração Interna
FERNANDA DE SOUSA CARVALHO GONÇALVES RAMOS – Governadora Civil
do Distrito de Évora
JORGE ARAÚJO – Magnífico Reitor da Universidade de Évora
JOSÉ ERNESTO D'OLIVEIRA – Presidente da Câmara Municipal de Évora
ORLANDO ROMANO – Director Nacional da PSP
PAULO A. G. MACHADO DA SILVA – Director do ISCPSI

Conferência de Abertura
PEDRO GRAÇA – Professor Auxiliar e Vice-Presidente do Conselho Pedagógico do ISCSP

11H00 – Intervalo – *Coffee-Break*
11H15 – Mesa I: As Novas Tecnologias – O Urbanismo – A Segurança
Moderador: CARLOS ALBERTO SILVA – Professor Auxiliar da Universidade
de Évora

Oradores:
JOSÉ FERREIRA DE OLIVEIRA – Comandante da PSP de Évora
MANUEL M. G. VALENTE – Director do Centro de Investigação do ISCPSI

13H00 – Almoço
15H00 – Mesa II: Os Parques Históricos e a Segurança
Moderador: PAULO A. G. MACHADO DA SILVA – Director do ISCPSI

Oradores:
MANUEL CORREIA FERNANDES – Arquitecto e Professor Catedrático da
FAUP
ARTUR ANSELMO – Professor Catedrático do ISCPSI e da Universidade
Nova de Lisboa

16H30 – Intervalo – *Coffee-Break*

MARIA DA SAUDADE BALTAZAR – Professora Auxiliar da Universidade de
Évora
MARIANA CASCAIS – Professora Associada da Universidade de Évora

18H00 – Encerramento do 1.º Dia

ÉVORA, 06 DE DEZEMBRO DE 2007

**10H00 – Mesa III: A Adaptação das Forças de Segurança ao Reordena-
mento do Território**
Moderador: FERNANDA DE SOUSA CARVALHO GONÇALVES RAMOS –
Governadora Civil do Distrito de Évora

Oradores:
NUNO POIARES – Segundo Comandante Distrital da PSP de Beja

11H15 – Intervalo – *Coffee-Break*

HELDER VALENTE DIAS – Director de Ensino do ISCPSI

13H00 – Almoço

15H00 – Mesa IV: A Universidade – O Urbanismo – A Segurança
Moderador: MARIA DA SAUDADE BALTAZAR – Professora Auxiliar da Universidade de Évora
Oradores:
PEDRO CLEMENTE – Doutor em Ciência Política e Intendente da PSP
TERESA VALSASSINA HEITOR – Professora Catedrática do Instituto Superior Técnico.

16H30 – Intervalo – *Coffee-Break*

MARIA DA CONCEIÇÃO REGO – Professora Auxiliar da Universidade de Évora
ISABEL RAMOS – Professora Auxiliar da Universidade de Évora

18H00 – Sessão Solene de Encerramento
FERNANDA DE SOUSA CARVALHO GONÇALVES RAMOS – Governadora Civil de Évora
PAULO A. G. MACHADO DA SILVA – Director do ISCPSI
JORGE ARAÚJO – Magnífico Reitor da Universidade de Évora
JOSÉ ERNESTO D'OLIVEIRA – Presidente da Câmara de Évora
ALFONSO SERRANO MAILLO – Professor da UNED – Madrid

Conferência de Encerramento:
ALFONSO SERRANO MAILLO – Professor da Universidade Nacional de Ensino à Distância – Madrid

URBANISMO, SEGURANÇA E LEI
Discurso de Abertura

Em nome de S. Excelência o Ministro da Administração Interna, o Prof. Dr. RUI PEREIRA, declara-se aberto o Seminário **URBANISMO, SEGURANÇA E LEI.**

- Ex.mo Sr. Ministro da Administração Interna, Prof. Dr. RUI PEREIRA
- Ex.ma Sra. Governadora Civil do Distrito de Évora, Dra. FERNANDA SOUSA RAMOS
- Magnífico Reitor da Universidade de Évora, Prof. Doutor JORGE ARAÚJO
- Ex.mo Sr. Presidente da Câmara Municipal de Évora, Dr. JOSÉ ERNESTO D'OLIVEIRA
- Ex.mo Sr. Director Nacional da PSP, Dr. ORLANDO ROMANO
- Ex.mo Sr. Director do Instituto Superior de Ciências Policiais e Segurança Interna, Superintendente-chefe PAULO MACHADO DA SILVA
- Ex.mo Sr. Secretário-geral do Gabinete Coordenador de Segurança, Tenente General LEONEL CARVALHO
- Ex.mo Sr. Comandante do Comando Distrital de Polícia de Évora, Intendente JOSÉ FERREIRA DE OLIVEIRA,

Ilustres Personalidades, Ilustres Convidados,
Ilustres Moderadores de Mesa e Conferencistas
Caros participantes
Caros alunos,

É com satisfação que nos encontramos aqui hoje para continuar a debater o tema que iniciamos a estudar na Faculdade de Arquitectura da Universidade do Porto – Urbanismo, Segurança e Lei –, cujos textos se encontram desde já publicados no Tomo I e que hoje será apresentado por Sua Excelência o Ministro da Administração Interna. O desejo de aprofundar o debate científico sobre um tema que envolve a universidade e a sociedade é um desafio cumprido pelas unidades de ensino universitário que devem criar saber – ou seja, doutrina, como V. Excelência o referiu várias vezes – para que esse saber se transforme em saber fazer e em saber alterar para melhorar o bem-estar de toda a comunidade. Foi esse e tem sido esta a nossa linha de orientação: produzir doutrina para a comunidade em geral e para a instituição policial de modo a que, num futuro próximo, possa resultar em projectos que envolvam, também, uma vertente prática e se conjugue o saber doutrinal e o saber pragmático e que este evolua cientificamente.

Neste seminário pretende-se que se explorem temas de extrema importância para a edificação de um ambiente social com maior qualidade, onde a vivência comunitária seja, na realidade, usufruída por todos sem receios ou medos de afectação dos nossos direitos fundamentais pessoais, sociais, culturais, económicos e políticos. O urbanismo está ligado à segurança, sendo que esta pode dar ou retirar maior ênfase à qualidade de vida dos cidadãos, tudo depende da relação e do valor que lhe damos na prossecução de uma sociedade mais justa, livre e solidária.

Permitam-me que agradeça em primeiro lugar a S. Excelência o Ministro da Administração Interna, Prof. Dr. RUI PEREIRA, por estar connosco neste momento para presidir à sessão de abertura do seminário, falando-nos do livro que todos receberão no final deste evento. Sabendo que acompanhou o nascer e o caminhar do Centro de Investigação e lhe deu o apoio que sempre lhe fora solicitado, Sr. Ministro da Administração Interna, podemos dizer que valeu a pena a aposta, porque hoje muita da doutrina das ciências policiais emerge das publicações que o Centro tem trazido a lume, com as quais tem contribuído. Muito Obrigado.

Queríamos agradecer a presença e o apoio institucional ao Governo Civil do Distrito de Évora, na pessoa da Sra. Governadora Civil, Dra. FERNANDA RAMOS, à Universidade de Évora, na pessoa do seu Magnífico Reitor, Prof. Doutor JORGE ARAÚJO, à Câmara Municipal de Évora, na pessoa do seu Presidente, Dr. JOSÉ ERNESTO D'OLIVEIRA, ao Gabinete Coordenador de Segurança, na pessoa do seu Secretário-Geral, Tenente General LEONEL CARVALHO, à Livraria Almedina, porque este evento se deve à dedicação e ao esforço destas instituições que se juntaram ao Instituto Superior de Ciências Policiais e Segurança Interna para podermos continuar a debater um tema que nos parece importante na criação de qualidade de vida e bem-estar para a comunidade. A todos queremos expressar o nosso agradecimento e elevado apreço.

Não podíamos deixar de endereçar o nosso agradecimento ao Ex.mo Sr. Director Nacional da PSP, Procurador da República ORLANDO ROMANO, por estar hoje connosco neste evento e nos acompanhar e ser testemunha na produção de ciência universitária. Não menos é o apreço pelo Director do Instituto, Superintendente chefe PAULO MACHADO DA SILVA, que sempre nos tem apoiado e nos tem dado força para continuarmos com os objectivos iniciais e anuais do Centro de Investigação. Muito Obrigado.

Queremos, ainda, deixar uma palavra de agradecimento aos elementos do Centro de Investigação do Instituto, em especial à Dra. MICHELE SOARES que muito trabalhou para podermos, hoje, estar neste auditório a realizar este seminário, sem que se esqueça o trabalho dos agentes TERESA ANTUNES, ÂNGELA SANTOS, MANUEL FERNANDES, AFONSO NETO e JOÃO MARTINS. Credora do mesmo agradecimento é a Prof.ª Doutora BALTAZAR SAUDADE, da Universdiade de Évora, que trabalhou, nestes últimos tempos, com o Centro de Invetsigação do Instituto para podermos ter esta maravilhosa plateia e criar boas condições de recepção para todos, de modo que a par de ciência se fale da trivialidade das nossas vidas. A todos queremos agradecer e dizer que convosco, meus caros e minhas caras, vale a pena trabalhar.

Antes de terminar permitam-me que agradeça a presença de todos os participantes – que vêm de várias áreas científicas, o que denota a interdisciplinaridade da matéria que pretendemos continuar a estudar e a debater. Sem a vossa presença o seminário seria um debate sem destinatário ou de mesa redonda fechada sobre si mesma.

Que tenhamos todos um bom seminário e que saiamos dele enriquecidos com as intervenções mais ou menos formais destes dois dias.

Muito Obrigado a todos.

Évora, 5 de Dezembro de 2007
MANUEL MONTEIRO GUEDES VALENTE

OS ESTUDOS DE INFORMAÇÕES E DE SEGURANÇA NA UNIVERSIDADE

PEDRO BORGES GRAÇA
Professor Auxiliar e Vice-Presidente
do Conselho Pedagógico do Instituto Superior
de Ciências Sociais e Políticas (ISCSP)
da Universidade Técnica de Lisboa

Se procurarmos os fundamentos do conceito de segurança, provavelmente veremos que se perdem na noite dos tempos, e teremos de apelar aos conhecimentos da Etologia para os compreendermos no quadro da sobrevivência das espécies e dos comportamentos animais inatos do Homem. Não é difícil imaginar, por exemplo, os pitecantropos (isto é, os *homo erectus*) há 500 mil anos a começarem a dominar o fogo e assim poderem aumentar a sua segurança abrigando-se nas cavernas e expulsando daí os animais que as ocupavam.

A racionalização do conceito de segurança na Antiguidade, na tradição cultural que nos está mais próxima, veiculada pelo latim, traduziu portanto essa condição psicológica e física do Homem como *securitas*, ou seja, *tranquilidade de espírito* e *desnecessidade de cuidados*. Mas etimologicamente o duplo sentido de *securitas* aponta também o *desleixo*, o *descuido* e a *indiferença*. Duas faces da mesma moeda que sugerem a ideia de que a tranquilidade da segurança se constrói com a intranquilidade permanente do combate à insegurança, presente no vocábulo associado de *securis*, que significa *ma-*

chado, e no étimo *cura*, cuja polissemia revela *cuidado, tratamento, direcção, administração, guarda e vigia.*

Podemos afirmar que ao longo da História a reflexão teórica associada ao conceito de segurança – que é na verdade universal – se centrou na forma mais extrema de insegurança que é a guerra. Daqui decorreu, não obstante os novos princípios de convivência internacional após a 2.ª guerra mundial, a necessidade de se enquadrar essa reflexão no modelo científico e pedagógico da Universidade – uma invenção maior da Humanidade –, de modo a obter-se conhecimento sobre a dinâmica da segurança, integrada na evolução complexa da realidade social e das ameaças que esta inevitavelmente produz. Em suma, ganhar-se organização e eficácia no combate à insegurança.

Os Estados Unidos foram sem dúvida pioneiros no estudo da segurança na Universidade, tendo concentrado a sua atenção nas relações internacionais com a designada *national security*. Só recentemente é que o mesmo nível de atenção foi dado à *homeland security*, após o marco histórico do 11 de Setembro, o qual continua ainda a ser a causa fundamental das mudanças em curso neste domínio com impacto social, algumas ainda não vislumbráveis, por exemplo no campo tecnológico, como as invenções que estão neste preciso momento a acontecer em empresas como a original In-Q-Tel, que é publicamente reconhecida como propriedade da CIA e é um *case study* na Business School da Universidade de Harvard.

Mas o estudo universitário da segurança nos Estados Unidos, traduzido em ensino e investigação, começou por ser verdadeiramente original fora do quadro dos departamentos de Relações Internacionais e de Estratégia das universidades onde se passou a cultivar a *national security*. Precisamente, isso aconteceu com a criação da CIA nos anos 40, logo após a 2.ª guerra mundial, e teve como principal protagonista e impulsionador um Professor de História da Universidade de Yale, Sherman Kent, que é na verdade o precursor da moderna mentalidade internacional dos estudos de informações (*intelligence studies*) e de segurança (*security studies*) na Universidade e demais instituições de ensino superior.[1] Sherman Kent desenvolveu em concreto o estudo da *intelligence* como condição *sine qua non* da segurança, e de facto, epistemologicamente, não é possível imaginar a organização e a prevenção eficaz desta – seja externa, interna ou pública – sem o contributo das informações.

Ex-analista durante a 2.ª guerra mundial do Office of Strategic Services (OSS), o famoso serviço de informações militares americano durante o conflito, Sherman Kent ficou insatisfeito com o tradicional tratamento das informações na perspectiva militar e considerava que a nova ordem mundial apresentava factores de insegurança, vindos do leste da Europa e da Ásia, que requeriam neste domínio um novo tipo de abordagem por parte dos Estados Unidos. Publicou assim o livro *Strategic Intelligence for American World Policy*, em 1949, ainda hoje a principal referência sobre a função da análise nas informações, que suportam os centros da tomada de decisão. Com efeito, Sherman Kent foi o inventor dos relatórios diários para o Presidente dos Estados Unidos, que ainda hoje se mantêm sob a responsabilidade do Director of National Intelligence, mas, sobretudo, no que diz respeito à Universidade, foi o criador no seio da CIA da revista *Studies in Intelligence*, a qual não só introduziu e dinamizou as preocupações científicas e académicas na organização – colocando dirigentes, analistas, operacionais e técnicos a debaterem problemas conjuntos de eficiência – como desencadeou o aparecimento progressivo na Universidade das áreas dos já referidos *intelligence studies* e *security studies*, que nos últimos anos têm vindo também a ganhar espaço no ensino superior português. Para se ter uma ideia do potencial de influência da *Sudies in Intelligence*, note-se que no ano em que comemorou 50 anos, em 2005, apresentava como balanço 1200

---

[1] Cfr. JACK DAVIS, *Sherman Kent and the Profession of Intelligence Analysis*, in Occasional Papers, Vol. 1, n.° 5, Nov.02, The Sherman Kent Center for Intelligence Analysis/Central Intelligence Agency.

artigos de 1000 autores, muitos dos quais, nos últimos 15 anos, exteriores à chamada *intelligence community*.[2]

A grande abertura da revista ao público deu-se a seguir à queda do Muro de Berlim, em 1992, com a publicação do 1.° número inteiramente não-classificado, e isto estimulou ainda mais os estudos de informações e de segurança, na sequência do chamado "Officer in Residence Program" que a CIA lançou a partir de 1985, colocando analistas especializados nas universidades americanas, como professores convidados, para leccionarem disciplinas já existentes ou criadas para o efeito directamente relacionadas com os problemas da *national security*.

A ponte para a Universidade ficaria reforçada a partir desses anos de 80-90 com elementos dos serviços de informações entretanto desvinculados ou reformados que seriam contratados como professores. Ultrapassando as fronteiras dos Estados Unidos, a tendência geral ocorrida foi no sentido de os estudos de informações serem dinamizados na Universidade por académicos que de algum modo tiveram experiência profissional nessa área. Para referir somente dois dos actuais e mais conceituados professores e autores, veja-se o caso de Bruce Berkowitz nos Estados Unidos e de Michael Herman no Reino Unido.

Este movimento, chamemos-lhe assim, seria ainda na mesma altura também reforçado com um conjunto de revistas académicas especializadas, instrumentos essenciais de motivação e divulgação da investigação universitária em qualquer domínio científico, como o *International Journal of Intelligence and CounterIntelligence*, a *Intelligence and National Security*, o *Security Studies* e o *Security Journal*. Destes, o *Security Journal* é o que se coloca claramente na perspectiva da *segurança interna* e, no número de Fevereiro do corrente ano de 2007 comemorativo do vigésimo volume da revista, criada em

---

[2] Cfr. NICHOLAS DUJMOVIC, *Fifty Years of Studies in Intelligence*, in Studies in Intelligence, Vol. 49, n.° 4, 2005 (unclassified edition), Central Intelligence Agency.

Os estudos de informações e de segurança na universidade

1989, é revelador o balanço aí efectuado por James Calder, da Universidade do Texas, em particular a conclusão de que fruto da diversidade das disciplinas, desde a Sociologia à Informática e mesmo à Medicina, *"a área foi brindada com um mar virtual de proposições e questões ainda não investigadas, não obstante o facto de ainda faltar uma base teórica consistente para se formular a investigação dessas mesmas questões"*.[3] Na mesma linha se encontra Dennis Giever, da Universidade da Pensilvânia, ao afirmar que nos últimos 20 anos a coisa mais importante aprendida no estudo e prática da segurança é ficar a saber que se sabe muito pouco e que ainda estamos na infância do desenvolvimento dos estudos nesta área.[4] E idêntica preocupação manifestavam em 2005, na International Studies Review, Marshall Beier da Universidade de McMaster (no Canadá) e Samantha Arnold da Universidade de York, ao proporem uma *"abordagem supradisciplinar"* para se resolver o problema teórico da diversidade disciplinar e da definição interdisciplinar da área dos *estudos de segurança*.[5]

Estes exemplos denotam não só o consenso existente quanto à problematização do objecto dos *estudos de segurança* – sem dúvida complexo por causa da universalidade do conceito – mas também a extrema modernidade e actualidade científica e pedagógica desta matéria, que ganhou nova dinâmica após o 11 de Setembro, que aconteceu somente há 6 anos. E note-se que, embora mais restrita e historicamente consolidada em termos de objecto, a correlativa área dos *estudos de informações*, também por efeito do 11 de Setembro, e dos restantes atentados terroristas que se lhe seguiram, ainda suscita

---

[3] JAMES CALDER, *Been There But Going Where?: Assessing Old and New Agendas in Security Research and Study*, in Security Journal (2007), 20, 3-8, p. 4 (tradução livre).

[4] DENNIS GIEVER, *Security Education – Past, Present and the Future*, in Security Journal (2007), 20, 23-25, p. 23.

[5] MARSHALL BEIER & SAMANTHA ARNOLD, *Becoming Undisciplined: Toward the Supradisciplinary Study of Security*, in International Studies Review, Volume 7, Issue 1 Page 41-62, March 2005.

dinâmicos debates em tôrno da existência ou inexistência de uma teoria das informações, como o que se verificou por expressa encomenda do Director of National Intelligence dos Estados Unidos à Rand Corporation, em 2005, reunindo 40 académicos e especialistas europeus e americanos, incluindo elementos dos serviços de informações.[6] Entre outras observações, chegou-se aí à conclusão de que era necessário investigar mais a fronteira entre as informações externas e as internas, situação percepcionada nos Estados Unidos como mais radical que nos outros países, por força das preocupações com os direitos, liberdades e garantias dos cidadãos.[7] Uma zona, sem dúvida, de cruzamento entre a segurança externa e a segurança interna que tem vindo a estimular a nível internacional, face à frente de ameaças, reorganizações integradas dos sistemas de informações, inclusivé em Portugal, e que colocam questões complexas à ética democrática, porventura mais facilmente abordáveis em ambiente universitário que governamental ou estatal, por universitários sem vínculos governamentais ou estatais.

Os estudos de informações e de segurança na Universidade estão assim a expandir-se, e, hoje, começando pelos Estados Unidos, para além da investigação, existe já formação especializada nas mais reputadas instituições, também no ensino superior militar, em todos os níveis: licenciatura, pós-graduação, mestrado e doutoramento. A oferta abrange inclusivamente o domínio do *e-learning*, como no caso da Universidade de Michigan, onde graduados e profissionais podem obter por esta via um certificado em *homeland security*.[8] E, no agora tão propalado em Portugal MIT, que de facto possui um dinâmico *Security Studies Program*, é possível assistir nesta área aos designados *Cursos de Verão*, estando já anunciados para 2008 um sobre *Tecnologia e Inovação* e outro sobre *Bioterrorismo*, temas que indicam

---

[6] GREGORY TREVERTON et alii, *Toward a Theory of Intelligence (Workshop Report)*, Santa Monica, RAND National Security Research Division, 2006

[7] Idem, p. 31.

[8] http://homelandsecurity.msu.edu/

tendências prioritárias das preocupações actuais e a urgência da ante-visão de respostas – problema extraordinariamente complexo de solução incerta – às ameaças de natureza informática e biológica que impendem principalmente sobre americanos e europeus, isto é, sobre o espaço que Adriano Moreira operacionalmente define como Euromundo e do qual faz parte Portugal.

Ora, precisamente em Portugal assistimos neste momento a uma dinâmica de crescimento dos estudos de informações e de segurança no ensino superior e universitário. Segundo o Instituto de Defesa Nacional, que para o efeito levou a cabo um projecto de investigação entre 2005 e 2006, a Segurança e Defesa no ensino superior em Portugal cobre 31 estabelecimentos de ensino, 8 institutos, 151 cursos, 575 disciplinas, 23 unidades de investigação e 31 periódicos. Parece-me todavia que este inventário é discutível, não desmerecendo o esforço e a base de dados constituída, porquanto o conceito da pesquisa traduz uma enorme amplitude, cobrindo, por exemplo, no que respeita aos cursos, desde os bacharelatos dos fuzileiros e dos mergulhadores até às licenciaturas em serviço social e comunicação social, e no que respeita às disciplinas, desde as idéias políticas no mundo ocidental até à cidadania e participação política. Um exemplo, afinal, dos problemas que a diversidade disciplinar nesta área pode causar, e que suscitava a proposta anteriormente referida da "abordagem supradisciplinar".

A realidade dos estudos de informações e de segurança em Portugal é mais restrita, denotando contudo uma vitalidade significativa, que aproximadamente é a seguinte: temos já disciplinas leccionadas nos níveis de licenciaturas, mestrado e MBA [na Universidade Católica e na Universidade Técnica de Lisboa, em concreto no Instituto Superior de Economia e Gestão e no Instituto Superior de Ciências Sociais e Políticas (ISCSP)]; temos dois cursos de mestrado (na Academia Militar e na Universidade Nova de Lisboa) e cursos de pós-graduação, nomeadamente no ISCSP e no Instituto Superior de Ciências Policiais e Segurança Interna (ISCPSI), e, no resto do país, pelo menos no Instituto Politécnico de Setúbal, na Escola Superior de Tecnologia de Abrantes, no Instituto Superior de Ciências da Informação e Administração, em Aveiro, e na Universidade Lusíada do Porto; temos principalmente duas revistas – a *Politeia* do ISCPSI, e a *Segurança e Defesa*, fruto da iniciativa da sociedade civil juntamente com o Observatório de Segurança, Criminalidade Organizada e Terrorismo, com ligações à Universidade; e temos assistido ainda à proliferação de conferências e seminários, particularmente no corrente ano, como este em que hoje nos encontramos.

Toda esta dinâmica, muito recente, indica que a nossa sociedade está em processo de aquisição de conhecimento e de maior consciência da relação entre segurança e insegurança, começando obviamente pelos envolvidos na formação. No ISCSP, para dar um exemplo concreto, a especialidade em segurança e informações do mestrado em relações internacionais tem, desde o ano lectivo passado, quando funcionou pela primeira vez, uma boa procura por parte dos estudantes. Sente-se que há um interesse generalizado por estas áreas de estudos, um empenho especial e entusiasmado nos trabalhos que estão a ser desenvolvidos, e, agora, resta esperar pelas dissertações, cujos temas são seleccionados pelos estudantes no uso da liberdade de escolha a que têm direito, no mais puro espírito universitário, para se avaliar o potencial desta formação. No entanto, já se notam preocupações vincadas de investigação, como a do *ciberterrorismo*, fenómeno que, numa análise ainda provisória da situação, requer em Portugal uma atenção urgente, pois não existe qualquer orientação ou plano estratégico nacional contra esta ameaça.[9]

---

[9] Cfr. Paulo Soska Oliveira, *Ciber-terrorismo, uma ameaça global ou media sound-byte?*, Relatório de Estágio da Licenciatura em Relações Internacionais, ISCSP, Novembro de 2007, policopiado, 51 p. (trabalho desenvolvido a partir da disciplina de *Informações Estratégicas*, a funcionar no corrente ano lectivo de 2007-2008, na sequência da reforma de Bolonha, como unidade curricular do Mestrado em Relações Internacionais).

Com efeito, a frente de ameaças à segurança de pessoas e bens é hoje tão vasta e complexa como a frente das respostas possíveis e incertas. Não temos evidentemente aqui tempo nem capacidade para tratarmos deste problema em profundidade aceitável, mas podemos vislumbrar alguns dos factores que concentram a atenção não só dos serviços de informações e de segurança mas também dos estudos de informações e de segurança na Universidade. Aliás, para além dos seus próprios programas de formação e investigação, a Universidade e demais instituições do ensino superior, com projectos individuais ou colectivos, eventualmente em consórcio ou em rede com outras instituições, podem aliviar a carga dos serviços e das forças no que respeita à produção de informações OSINT (Open Source Intelligence).

Duas áreas prioritárias, de todos conhecidas, onde se cruzam a segurança externa e a interna, são o Terrorismo e a Criminalidade Organizada, sobre as quais podemos traçar aqui um quadro geral de análise.

No que respeita ao Terrorismo, a prevenção é a resposta adequada e possível tanto no plano da antevisão e desmantelamento dos atentados como no plano da preparação organizacional e dos cidadãos para os seus efeitos. Todos vimos há dois anos – parece que foi há mais tempo – como os britânicos reagiram aos atentados de 7 de Julho. O facto é que os londrinos estavam preparados, principalmente desde que Eliza Manningham-Buller, a directora do MI5, declarara publicamente em Junho de 2003 que um atentado da al-Qaeda contra uma cidade europeia era *"apenas uma questão de tempo".*[10] Em Março de 2004 isso aconteceu em Madrid e os britânicos interiorizaram a ideia de que havia uma forte probabilidade de que o mesmo viesse a ocorrer no Reino Unido. Em Maio de 2005, 80% dos londrinos acreditavam assim que estava para breve um atentado na capital britânica. A construção do cenário e o planeamento da resposta por parte das autoridades foram portanto de tal

---

10 http://www.timesonline.co.uk/tol/news/uk/article1143325.ece

modo cuidadosos que não foi esquecida a dimensão mediática do fenómeno terrorista, que tem como um dos seus principais objectivos a criação de imagens de choque intimidatórias junto da opinião pública. E estas foram efectivamente vagas nos meios de comunicação social, em parte pela circunstância subterrânea dos atentados, mas em parte também devido à estratégica inovação de isolamento e ocultação dos locais por meio de estruturas veladas.

A propósito, inclusivamente do tema do seminário que hoje aqui nos reúne, refira-se a necessidade de definir programas de protecção das infraestruturas críticas, conforme a recomendação do Conselho Europeu logo após os atentados de 11 de Março em Madrid. Neste aspecto, a Espanha foi efectivamente o primeiro país da União Europeia a pôr essa recomendação em prática, identificando no seu território mais de 6500 instalações a proteger, das quais 1397 foram classificadas como "críticas" para o regular funcionamento do Estado, incluindo aeroportos, vias de comunicação, centrais energéticas, grandes edifícos e centros de decisão, prevendo-se a possibilidade de um ataque da al Qaeda e também o cenário de emprego de armas de destruição em massa.

Relativamente às armas de destruição em massa (químicas, biológicas, radioactivas e nucleares), o problema está desde logo na incerteza dos serviços de informações quanto à real dimensão da ameaça. Não obstante a crescente e intensiva cooperação internacional, o mercado negro destas armas encontra-se ainda insuficientemente conhecido. Em 2004, por exemplo, já circulavam notícias de que a Al Qaeda alcançara o conhecimento necessário para produzir armas químicas e biológicas, sob a orientação de Abu Khabab, um engenheiro químico egípcio, e de que esse conhecimento estaria a ser transmitido aos membros da organização, quer directamente quer através da internet por meio de processos criptográficos. Nesse mesmo ano, uma vaga de profunda preocupação invadiu os Estados Unidos, apontando a <u>probabilidade</u> da ocorrência de um atentado de larga escala no Verão. Notícias oficiais e avisos públicos, baseados em "construções de cenários" produzidos pelos serviços de informações, davam conta de potenciais alvos como o 4 de Julho, as Convenções Republicana e Democrata, as refinarias de petróleo, a rede eléctrica, os portos, os sistemas de abastecimento de água ou mesmo o Capitólio. A expectativa encontrava-se reflectida numa sondagem realizada então pela Associação Nacional dos Chefes de Polícia dos Estados Unidos que referia que 95% destes responsáveis esperavam uma "catástrofe".

Três anos depois, a idéia da catástrofe iminente paira ainda no ar. Onde será o próximo ataque? Serão utilizadas armas de destruição em massa?

Por enquanto os serviços de informações mais poderosos do mundo não conseguem responder a tais perguntas, com mínima precisão, pois estão desprovidos de capacidade prospectiva. Mas os cenários continuam a ser trabalhados, com a contribuição da Universidade. Este ano, na Primavera, passou a ser assumida nos Estados Unidos, nos meios governamentais e académicos, a percepção da probabilidade de um ataque terrorista catastrófico a uma grande cidade. Um dos núcleos que passou a animar a reflexão foi o designado "Preventive Defense Project" que congrega as universidades de Stanford e Harvard. Em Abril, organizaram em Washington uma conferência confidencial, com 41 participantes oriundos da esfera governamental, sintomaticamente intitulada "The Day After", como o filme que, há 25 anos, o canal de televisão ABC produziu para ficcionar os efeitos nos Estados Unidos de uma guerra nuclear com a União Soviética, filme que foi visto por metade da população adulta americana e distribuído em mais de 40 países, tornando-se uma bandeira dos partidários do desarmamento nuclear. Nessa reunião de Abril, foi discutida a necessidade de uma programa nacional de emergência para o efeito, de construção de abrigos anti-nucleares, de planos para prevenir situações de evacuação em pânico e de suspensão de liberdades civis. A percepção é a de que o 11 de Setembro e o furacão Katrina foram somente pequenas amostras do que poderá vir a acontecer, uma vez que, no caso de um atentado terrorista nuclear, se desencadeará uma crise de longa duração, a nível nacional, desde logo caótica pelo medo de os atacantes possuirem uma segunda bomba. No mês seguinte, em Harvard, na famosa John F. Kennedy School of Government, com a partipação do Nobel de Economia Thomas Schelling, foi também discutida a ameaça nuclear, juntamente com o problema do aquecimento global, em conferência aberta a 400 participantes. A Kennedy School of Government chegou assim à conclusão que a incerteza e a ignorância continuam elevadas nestas matérias, e anunciou que irá investir um milhão e meio de dólares em nove projectos de investigação nos próximos dois anos.

Para já, o cenário básico é o de que um atentado terrorista nuclear provocará inevitavelmente um crise económica, mas por enquanto ninguém sabe ao certo qual será a sua dimensão e extensão. Estima-se contudo que uma bomba de cerca de 13 kilotoneladas, idêntica à de Hiroshima, lançada em Nova Iorque, poderá implicar custos equivalentes a um ano do produto interno bruto americano. Custos, de longa duração, de médicos, de descontaminação, de processamento de lixo nuclear, de deslocação de refugiados, de reconstrução de propriedade destruída, de quedas de valor de propriedade, de perdas de actividades económicas a nível local, regional e nacional, de quebra do turismo e da produtividade. Os custos de limpeza variarão consoante o grau de contaminação da área, podendo oscilar entre os 150 milhões e os 300 milhões de dólares por km2. Se tomarmos em consideração estes valores e o facto de que as bombas atómicas são hoje muito mais poderosas que a de Hiroshima, veremos a gravidade da situação.

Por causa dos exorbitantes custos humanos e materiais, o pior cenário é contudo aquele em que a zona de impacto não será recuperada, eventualmente uma cidade inteira, ficando sem vida e completamente isolada. Para todos os efeitos, um ataque dessa natureza nos Estados Unidos repercutir-se-á noutros países, pelo menos economicamente, e os governos e as empresas – em primeiro lugar as estratégicas – devem por isso reflectir sobre o assunto (e também sobre as vertentes biológica e cibernética) e desenharem desde já planos de contingência, situação que, sem falsos alarmismos, não deverá passar despercebida aos estudos de informações e de segurança na Universidade, inclusivé em Portugal.

Hoje é também matéria de preocupação para as polícias e serviços de informações, como todos sabem, a relação entre terrorismo e crime organizado, correspondendo àquela área de cruzamento entre a segurança externa e a interna. Neste ambiente, uma das variantes em expansão é as dos *gangs urbanos* e possíveis ligações internacionais, muito facilitadas actualmente pela internet. O fenómeno tem evidentemente uma expressão marcante nos Estados Unidos, onde proliferam rumores de "contactos de negócios com a al Qaeda", defendendo alguns que se trata mesmo de uma ameaça à segurança nacional. Estimativas de há dois anos do FBI apontavam já cerca de 30 mil *gangs* com um total de 800 mil membros, incluindo nas suas actividades tradicionais o tráfico de armas e drogas, raptos, assassinatos, extorsão, roubo de automóveis e redes de imigração ilegal. Passou-se assim a falar de *gangs* de 3.ª geração, cada vez mais violentos, mais bem organizados e mais espalhados pelo território americano, levando os analistas a considerarem que se está perante um novo tipo de subversão urbana, internacionalizável, que deliberadamente desafia a soberania do Estado.

Em Portugal, a situação não é obviamente equiparável, mas temos o fenómeno à nossa medida e sabemos, pelo menos desde há cerca de 20 anos, que determinadas modas, na verdade *padrões de subcultura urbana*, nos chegam com facilidade dos Estados Unidos, embora muitas vezes em *tempo diferido*. A resposta a este problema processa-se geralmente através de três medidas: políticas de promoção social, acções de repressão policial e operações de recolha de informações. Sobre esta última medida não me parece correcta a idéia de que "*quando a polícia se envolve em actividade de informações, a pretexto de potenciar as suas capacidades de prevenção ou investigação, está a fazer perigar os direitos, liberdades e garantias dos cidadãos*".[11] Pelo contrário, devidamente enquadrada pela lei, como é natural, parece-me antes que a polícia está a defender esses mesmos direitos, liberdades e garantias. Esta é pelo menos a tendência do combate à insegurança que nos chega também dos Estados Unidos, onde ainda muito recentemente, no mês passado, foi reforçada a vertente das informações na manutenção da segurança pública com a alocação substancial de meios ao National Gang Intelligence Center, criado pelo Congresso em 2005, que se autonomizou assim de facto do FBI onde até agora tinha estado hospedado.

Em Portugal temos porém uma situação distinta, inclusivamente no que toca à multiculturalidade do fenómeno, mas África, América do Sul, Ásia e Europa do Leste estão presentes de uma forma singular no quotidiano da nossa sociedade – históricamente há muito pouco tempo –, e parte dessa diversidade cultural encontra-se envolvida no crime organizado. A chamada *socio-cultural intelligence* poderá pois ser de grande utilidade na obtenção de conhecimento sobre esta realidade, como um instrumento preventivo que integra as ciências sociais no processo de análise do ciclo de produção de informações, em especial a Antropologia, a Sociologia e os *estudos de área*.

Nesta perspectiva, faltará porventura uma maior ligação da Universidade aos serviços de informações e forças de segurança em matéria de estudos africanos, latino-americanos, asiáticos e eslavos. Na verdade, não parece que estes *estudos de área*, também nas instituições de ensino superior vocacionadas para o efeito, estejam a ser devidamente cultivados sob o ângulo da segurança. O que prevalece na Universidade é antes o ângulo do estudo das comunidades imigrantes, das minorias e da problemática da inclusão e da exclusão

---

[11] Júlio Pereira, *Segurança Interna: o mesmo conceito, novas exigências*, in Segurança e Defesa, n.º 3, mai-jun 2007, (pp. 97-101) p. 101.

social, matérias sem dúvida adequadas à ética democrática e necessárias à sã convivência de povos e culturas diferentes na nossa sociedade, mas efectivamente desajustadas em relação à prevenção e combate à insegurança interna e pública de matriz culturalmente diferente.

Afinal, para além dos eslavos, trata-se de estudar e compreender todas as particularidades deste movimento que leva os trópicos a virem para a Europa, depois de a Europa ter ido para os trópicos. No centro estão as pessoas e não devemos nunca sacrificar o humano à segurança. Mas é certo que não queremos cair num ambiente paralelo da distopia que o checo Karel Kapec imaginou no clássico *A Guerra das Salamandras*, como costuma apontar Adriano Moreira.

ÉVORA, 5 DE DEZEMBRO DE 2007

ÉVORA
– UMA CIDADE ATEMORIZADORA E ENCANTADORA[1]

José Ferreira de Oliveira
Comandante do Comando Distrital da PSP
Mestre em Políticas Públicas

O conhecimento da cidade, dos seus cantos e recantos, das suas praças, ruas e bairros e das pessoas que nela habitam parece tarefa impossível para quem chega. E é! As cidades ostentam uma vida, uma alma, que só quem se embrenha no seu seio a pode alcançar. As cidades atemorizam os forasteiros. O ranger de uma porta ou postigo, coloca-os de sobreaviso. As incertezas que as suas vielas escondem fazem recear quem nelas se aventura ou refugia. Uma sombra, reflectida numa parede branca, impõe o respeito que só uma silhueta desproporcionada pode alcançar.

---

[1] Em 5 e 6 Dezembro de 2007, realizou-me na cidade Évora, um seminário, promovido pelo Instituto Superior de Ciências Policiais e Segurança Interna, subordinado ao tema "Segurança, Lei e Urbanismo". Enquanto Comandante Distrital da Polícia de Évora, coube-me proferir uma alocução sobre a temática, tendo por fundo a tese de que a cidade de Évora retrata nas suas ruas, vielas, praças e bairros habitados, uma profunda conexão entre segurança e urbanismo.

Por estas razões, as cidades devem ser locais "inseguros" para os estranhos e espaços aprazíveis e acolhedores para quem os habita ou os quer redescobrir. O espaço

público a que chamamos cidade deve manter o seu aspecto dissuasor de possíveis incursões furtivas ou desassossegos intoleráveis, pela imponência das suas muralhas, simbólicas ou reais.

O "estrangeiro" deve pressagiar que, se não vier por bem, a cidade tem recursos para o controlar, para lhe subtrair a liberdade, retê-lo, prendê-lo, impedi-lo de entrar, escorraça-lo. É nas portas da cidade que sobrelevam essas eventuais consequências, se impõe o receio, se influencia comportamentos, se obsta ao cometimento de acções perversas.

A rua é um local de memórias, de ir e vir, de reconhecimento, de trocas, de vida, onde o estranho é reconhecido por o ser. À luz do contraste diurno, potenciada por olhares fulgurantes, contrapõe-se uma noite iluminada, onde, por detrás dos silêncios das noites mortiças, os mirares são previsíveis.

As praças são pontos de encontro e reencontro. Ir à cidade é passar na Praça do Giraldo. A tradição impõe a praça, a praça impõe-se como local de encontro e de passagem. O rumor perpassa no largo, empolam-se casos e factos, estiolam-se conversas e ganhos e o polícia lá está de segurança ao Banco de Portugal.

Um património mundial, é mais do que simples pedras, mesmo que elas sejam de Diana, é história sentida e interiorizada por autóctones e forasteiros, quando reflectem sobre o que foi, o que é e o que será o lugar que habitam ou visitam. Preservar e viver esse acervo histórico é
tarefa da cidadania. A sua guarda não se pode limitar a meros olhares, legitimados ou não, de espanto e encanto. As novas ferramentas

tecnológicas[2] devem cuidar, também, deste raro espólio, quanto mais não seja porque o captam e gravam como ne-nhum olhar humano o pode fazer, mesmo que a história, seja, apenas, fruto da observação humana. E bem!

Ao espaço velho sucede o novo. Fora da cidade histórica crescem novas casas, novos espaços públicos. O novo tenta retratar o velho, a cultura, a tradição, o Alentejo. Os edifícios são espaços íntimos das pessoas e para as pessoas que neles habitam. As acepções teóricas do espaço seguro[3] impõem-se involuntariamente, porque incrustadas na cultura típica do modo de viver local. As noites acaloradas pela refracção da planície, afugentam as pessoas do interior das pequenas casas para a soleira das portas, onde o contraste entre

---

[2] Designadamente a video-vigilância.
[3] Vide Ronald Clarke (1992), *Situational Crime Prevention: successful Case Studies*, Harrow and Heston, Nova Iorque; Ray jeffery (1972), Crime Prevention Through Environmental Design; Oscar Newman in teoria do espaço defensável.

o ocre e o branco, solidifica fartos serões de conversa e de vigilância, até que o cansaço vença a rua.

As paredes brancas mantêm todo o seu esplendor, contrastado, apenas, pelas desejadas sombras, sobre uma fulminante claridade. O artista, quase marginal, foge das paredes limpas e imaculadas, pulverizando os *graffitis* em espaços alternativos. A cidade dos cidadãos e do município recria-se, cuida-se, é uma cidade viva e livre!

Não há espaço público sem cidadãos. Os espaços públicos transformam-se naquilo que são as pessoas que neles vivem.

Alojar pessoas não é meter pessoas dentro de apartamentos, é transmitir-lhes responsabilidade e condições de inserção na vida do bairro. Senão, o que era bonito fica feio, o que era cuidado fica descuidado, o que estava inteiro é quebrado. O espaço público fica ao abandono, cresce a insegurança, o temor e a descrença.

Nestes territórios, de desigualdade e injustiça, a pobreza confunde-se com a marginalidade, impera o crime e o estereótipo, as pessoas são prisioneiros no seu próprio lar. Aos poderes públicos compete procurar restabelecer a vida pública. A autarquia pode reparar, desabitar e demolir o que não tem condições para voltar a ser vivido.

A Polícia tem que impor regras e valores, libertar as pessoas que são prisioneiras, aprisionar e denunciar as que são desordeiras e trapaceiras. Restabelecer a confiança nas e com as populações é a palavra de ordem. Uma presença física e dissuasora da Polícia, uma proximidade atenta e proactiva ao espaço público, dá vida às cidades, às praças, às ruas e ao bairro. Torna um cidadão livre na sua cidade!

AS NOVAS TECNOLOGIAS DE PREVENÇÃO CRIMINAL E O URBANISMO: O CASO DA VIDEOVIGILÂNCIA

MANUEL MONTEIRO GUEDES VALENTE
Director do Centro de Investigação e Professor do ISCPSI
Professor Convidado da Universidade Autónoma de Lisboa

I

1. A segurança enleada ao urbanismo gera a busca de novas técnicas e de novas tecnologias capazes de dar um sentimento cognitivo e real de espaço seguro. Como já defendemos na conferência do Porto[1], a criação de um espaço urbano dotado de elementos estáticos e móveis capazes de promover bem-estar e qualidade de vida é o ponto de partida para a proliferação e a cimentação de um espaço seguro, capaz de afastar o perigo de danos a bens jurídicos fundamentais da sociedade, tutelados criminal e administrativamente.

Hoje, as novas tecnologias podem ser utilizadas para prosseguir a edificação de um espaço livre e seguro, em que as pessoas possam exercer sem qualquer receio os seus direitos e liberdades. Mas, não nos esquecemos de que as novas tecnologias podem fomentar uma melhor qualidade de vida e, caso haja um uso indevido e ilícito

---

[1] Cfr. o nosso "Legislação Urbanística: Lacuna da Intervenção Prévia das Forças de Segurança", *in Urbanismo, Segurança e Lei*, Almedina, Coimbra, 2007, pp. 123-135.

daquelas, podem encaminhar o homem para a sua delação total. A videovigilância é uma (nova) tecnologia, cuja utilização pode ser útil se for racional e proporcionalmente aplicada, caso contrário será um instrumento de restrição absoluta (ou quase absoluta) do exercício de direitos fundamentais pessoais.

A *videovigilância* é uma das tecnologias que as forças e serviços de segurança e autarcas têm defendido para promoção de um sentimento e de um espaço urbano mais seguro. Todavia, a utilização de câmaras de vídeo como meio tecnológico promotor de segurança tem de ser conjugada com a problemática urbanística, de modo a não dar a ideia de uma "plantação" de câmaras de vídeo, e tem de ser conjugada com o espaço da sua implementação e com os princípios e regras que regulam o recurso a este meio tecnológico.

A decisão de recurso à *videovigilância* deve ter presente a expressão de Milan Kundera de que se lembrava que, na sua "infância, quando se queria fotografar alguém, se tinha que pedir licença"[2]. O direito à imagem e à reserva da intimidade da pessoa humana, hoje, com a aprovação do regime jurídico da utilização de câmaras de vídeo em locais públicos de utilização comum, pela Lei n.º 1/2005, de 10 de Janeiro, encontram-se melindrosamente expostos. Há o perigo de vencer o ideário securitário em detrimento do ideário da cultura da cidadania ou do medo reger as decisões dos políticos dotados de pragmatismo[3] administrativo?

2. A sensação de insegurança, tão proclamada por muitos cidadãos, induz as forças de segurança[4] a reinvidicar e a instituir novos

---

[2] Cfr. Milan Kundera *apud* Manuel da Costa Andrade, *Liberdade de Imprensa e Inviolabilidade Pessoal,* Coimbra Editora, 1996, p. 132.

[3] Quanto ao princípio do pragmatismo, o nosso *Consumo de Drogas – Reflexões sobre o Novo Quadro Legal,* 3.ª Edição, Almedina, Coimbra, 2003, pp. 78-83.

[4] O n.º 1 do art. 1.º da Lei n.º 1/2005, de 10 de Janeiro, estende aos serviços de segurança a possibilidade de recurso à «captação e gravação de imagem e som e o seu posterior tratamento», o que, desde já, nos preocupa por parecer que

meios de segurança capazes de permitirem uma mentalização global de que existe uma eficaz prevenção e eficiente repressão de infracções – quer através da aplicação de sanções[5] [*p. e.*, aplicação de uma coima por infracção a norma do CE] quer por meio da aplicação de medidas cautelares e de polícia prescritas nos artigos 248.º e ss. do CPP.

Esta esquizofrenia securitária dos cidadãos, emergente do medo paniónico, impulsionou a aprovação da utilização da **videovigilância como um meio/instrumento de segurança nos locais de domínio público de utilização comum**[6], sem que se interrogasse se é um meio falível quer na prevenção de condutas negativas – infracções contra-ordenacionais e criminais –, como têm demonstrado as imagens dos "assaltos" aos grandes centros comerciais, quer na potencialidade deste meio ser indicador ou estimulador de novas infracções: extorsão, corrupção, gravações ilícitas[7].

Devemos ter consciência de que a implementação de qualquer meio tecnológico útil à prossecução da segurança pública, novo ou já experimentado em outros países, deve obedecer aos preceitos da DUDH, da CEDH e da Constituição, repositórios dos direitos fundamentais pessoais, e partir da ideia de que esse meio é tão falível como qualquer outro meio tecnológico ou qualquer meio humano, por ser detentor de fatalidades técnicas e humanas.

---

os serviços de segurança podem não ter a função adstrita à teleologia do regime aprovado: ordem, tranquilidade e segurança públicas.

[5] Quanto a este assunto MARCELLO CAETANO, *Manual de Direito Administrativo*, Almedina, Coimbra, 7.ª Reimpressão da 10.ª Edição, 2004, Vol. II, pp. 1164-1165.

[6] Quanto a este assunto, o nosso "Videovigilância – Um meio técnico-jurídico eficiente na prevenção e na repressão da Criminalidade nos locais de domínio público de utilização comum", in *Revista Polícia Portuguesa*, Ano LXIII, n.º 123, Março/Abril, 2000, pp. 2 e ss. e *Teoria Geral do Direito Policial* – Tomo I, Almedina, Coimbra, 2005, pp. 331 e ss..

[7] Quanto à preocupação do surgimento destes fenómenos criminais originários na má utilização desta tecnologia, LUÍS FÁBRICA *apud* ÉLIA CHAMBEL, *A Videovigilância em Locais de Domínio Público de Utilização Comum*, ISCPSI (de consulta na Biblioteca), Lisboa, 2000, Anexo II.

II

3. O sistema de *videovigilância*, no plano técnico, não é *um sistema perfeito e totalmente inultrapassável.* Duas razões nos conduzem a esta ideia basilar: por um lado, foi inventado, criado e instalado pelo homem; e por outro, é manobrado pelo próprio homem. O homem é um ser dotado das maiores capacidades físicas e técnicas, como também nele recaem as falhas da natureza humana. A perfeição é um bem a alcançar, mas é difícil obter-se o seu estádio pleno.

A videovigilância é, conscientemente falando, um **meio de fácil sabotagem**. A sua exposição e sua alimentação energética permitem **inutilizá-lo ou torná-lo inoperável** durante o tempo suficiente para a prática de qualquer delito quer num local de domínio público quer num local de domínio privado. É do conhecimento do comum cidadão que existem meios técnicos e informáticos capazes de inoperacionalizar qualquer tecnologia, porque os padrões que serviram para a edificação dessa tecnologia, são os mesmos que servem para destroná-la e inutilizá-la. Claro está que há meios de bloqueamento e de acesso limitado ao sistema, mas não são inultrapassáveis.

Acrescem, como corroboração desta nossa ideia, as imagens que visualizamos nas televisões quando os indivíduos que procedem à prática de furtos em centros comerciais e em locais sujeitos e dotados de videovigilância, dedicam acenos de amizade para a câmara de vídeo sem se preocuparem em destruí-la para não serem filmados. O à-vontade com que se processa a prática do crime filmado é o exemplo perfeito de que o efeito dissuasor da videovigilância se vulgarizou e se desmitificou.

4. Não podemos deixar de referir que por detrás da ideia de recurso à videovigilância entronca uma ideia economicista da segurança. Os adeptos fervorosos desta tecnologia dir-nos-ão, convicta e aparentemente, que este meio poderá permitir à polícia diminuir, espacial e tacticamente, o número de efectivos, uma vez que uma câmara poderá substituir um ou mais elementos fardados, dependendo do posicionamento e do alcance da câmara.

Discordamos plenamente desta ideia, porque nada substitui a presença do ser humano. Mesmo que a câmara capte mais ampla e eficazmente o facto ocorrido e permita que o operador accione os meios técnicos e humanos adequados à resolução do problema, jamais substitui a emotividade e a sociabilidade proporcionada pelo elemento policial. Queremos uma sociedade humana e não robotizada, uma sociedade que partilha a alegria e o sofrimento e não uma sociedade anómica, uma sociedade que utiliza correcta e legalmente a tecnologia e não se lhe subjuga, uma sociedade que vê no outro um ser humano pertencente à mesma comunidade e não um *estrangeiro*[8].

5. Os países Europeus impulsionadores e promotores da videovigilância nos locais de domínio público de utilização comum – *v. g.*, Inglaterra e Espanha – consideravam-na como um meio técnico eficaz e preponderante para a prevenção e repressão criminal[9]. Contudo, há a referir que Inglaterra e Espanha foram e são dois países assolados pelo terrorismo – IRA, ETA e, actualmente, AL QAEDA. Havia e há, desta forma, uma maior necessidade de uma vigilância não só imediatamente mais eficaz, como ainda mais abrangente, capaz de cobrir um maior número de ruas e um maior espaço territorial sem que se descure o patrulhamento policial e de proximidade diário e contínuo, atempadamente preparado para actuar sempre que ocorra

---

[8] Quanto à teoria do estrangeiro em terra própria, GEORG SIMMEL *apud* MARTINE XIBERRAS, *As Teorias da Exclusão – para a Construção do Imaginário do Desvio*, (Tradução de JOSÉ GABRIEL REGO), Edições Instituto Piaget, Lisboa, 1996, pp. 65-75.

[9] Podemos, mesmo, afirmar que foi fundamental para a descoberta dos presumíveis autores dos atentados de Londres, de 07 de Julho de 2005, o uso das imagens captadas pelo sistema de videovigilância do metro. Todavia, estes locais não são de domino público de utilização comum (que é do que falamos), mas sim domínio público de acesso reservado ou condicionado a quem vai utilizar este meio de transporte.

um incidente criminal ou social idóneo a diminuir o espectro da ordem, da tranquilidade, da segurança e da saúde públicas.

Tudo se prende com uma questão de necessidade premente de utilização dos meios mais adequados, exigíveis e necessários quer técnica, quer táctica, quer economicamente para prosseguir uma das necessidades colectivas do Estado de direito[10] e democrático: a *segurança* e *o bem estar* da Comunidade[11].

Questionamo-nos se, caso não existisse a permanente ameaça terrorista e actos de terrorismo naqueles países, os seus cidadãos aceitariam ser filmados em todos os locais: quer fossem de domínio público quer de domínio privado.

É por sabermos que o povo inglês é um povo que preza a sua independência, que cresce numa dialéctica de responsabilidade e liberdade, que duvidamos que aceitasse que cada um dos seus passos fosse filmado e gravado se não existisse a extrema necessidade de proteger e de garantir bens fundamentais como a vida, a integridade física, a liberdade de locomoção, de decisão e de acção. Mas, mesmo que o aceitasse livremente, sabemos que isso dever-se-ia unicamente ao sentimento de responsabilidade que é incutido a cada cidadão inglês desde que nasce[12].

III

6. A fixação de câmaras de vídeo devem obedecer a um ideal de criação de bem estar comunitário, de promoção de qualidade de

---

[10] Situação esta que poderemos equiparar a um estado de necessidade.

[11] Que se alcança quando se mantém a segurança e a ordem públicas e se previnem a prática de crimes, condição para o uso de câmaras de vídeo – *ex vi* do n.º 2 do art. 7.º da Lei n.º 1/2005, de 10 de Janeiro.

[12] Quanto a este assunto, KARL POPPER *apud* JOÃO CARLOS ESPADA, "Inglaterra: sentido liberal do dever", *in A Tradição de Liberdade*, Principia, Lisboa, 1998, p. 25.

vida de cada cidadão e na prossecução de um melhor ambiente urbano. Este bem estar comunitário advém da assumpção plena do direito à liberdade em segurança e do direito a um ambiente físico e social saudável.

Do mesmo modo afirmamos que a fixação de câmaras de vídeo deve **obedecer à traça urbanística** [estilo, cor, formato, visibilidade] do meio em que se vai inserir: se a cor das casas é branca e traça antiga, não nos parece correcto colocar postes de fixação e câmaras de cor e formato que não se coadunam com o parque urbano.

A conjugação harmoniosa dos elementos urbanos, inclusive de prevenção situacional – *p. e.*, sensores de deslocação automóvel ou de deslocação humana, sensores de movimentos e de detecção de intrusos num espaço vedado ao público, barras de activação e de bloqueamento de circulação automóvel em caso da prática de crime de furto em residência numa zona habitacional e impedindo a saída dos indivíduos por meio de veículo automóvel (etc.) – ou de prevenção criminal e de protecção de pessoas e bens, não pode processar-se desordenada e desconexionada com o espaço circundante.

7. A videovigilância em locais de domínio público de utilização comum ou de acesso livre, como meio mecânico e tecnológico de segurança, apenas pode ser visto **como meio táctico e técnico auxiliar e subsidiário das forças de segurança** e não como meio principal, ao qual se interligam todos os outros meios humanos e materiais[13]: patrulha apeada, patrulha motorizada e/ou velocípede, patrulha automóvel.

A utilização de câmaras de vídeo, a par de obediência aos princípios gerais da intervenção policial e dos demais princípios orientadores da intervenção do Estado restritiva de direitos e liberdades fundamentais – em especial, os princípios da necessidade e da proporcionalidade *stricto sensu* –, deve ser vista como um **meio de apoio**

---

[13] Neste sentido art. 7.º, n.ºs 1, 2, 3 e 5 da Lei n.º 1/2005, de 10 de Janeiro.

à **actividade preventiva e repressiva das forças policiais** no sentido de permitir **uma melhor visualização operacional que lhes permita uma percepção mais adequada dos factos** e, consequentemente, uma melhor **movimentação de meios humanos e materiais proporcionais ao facto.** O operador na central fará uma análise mais fria dos acontecimentos, retira toda a emotividade do patrulheiro, o que lhe permite raciocinar e racionalizar a actuação policial, promover uma eficiência resoluta extraordinária. Mas, esta opção criará, certamente, um grande vazio no espectro humano: uma actuação oca de sentimentos.

O processo tecnológico de robotização da sociedade, que começa pela subjugação do homem à máquina, é o caminho para o desmoronamento da riqueza humana: o pensamento. Este processo de "autocoisificação dos homens"[14] leva-nos a relembrar o pensamento de HEBERT MARCUSE, quando afirma que a dominação, que estava cimentada nos princípios da ciência, passa a ser tecnológica, que "proporciona a grande legitimitação ao poder político expansivo, que assume em si todas as esferas da cultura", assim como a dominação da tecnologia proporciona "a grande racionalização da falta de liberdade do homem e demonstra a impossibilidade 'técnica' de ser autónomo, de determinar pessoalmente a sua vida". A falta da liberdade, como afirma o filósofo, é o resultado da "sujeição ao aparelho técnico", melhor, a "racionalidade tecnológica protege assim antes a legalidade da dominação em vez de a eliminar e o horizonte instrumentalista da razão abre-se a uma sociedade totalitária de base racional"[15]. Cuidamos em acrescentar que esta robotização tecnológica

---

[14] Processo emergente da subjugação humana a uma tecnologia não submetida aos princípios da ciência, ou seja, a uma técnica não cientificada, que produz, por meio da sua eficácia, a substituição da "autocompreensão culturalmente determinada de um mundo social da vida". Cfr. JÜRGEN HABERMAS, *Técnica e Ciência como "Ideologia"*, (Tradução Artur Morão), Almedina, Coimbra, 2006, pp. 72-74 (74).

[15] Cfr. HERBERT MARCUSE, *Der Eindimensionale Mensch*, Neuwied, 1967, pp. 172 e s., *apud* JÜRGEN HABERMAS, *Técnica e Ciência…*, p. 49.

será maior e terá mais vivência se forem colocadas câmaras de vídeo que afectem a paisagem urbanística onde estão fixadas com base na eficácia que, por sua vez, se sobrepõe ao estético urbano.

IV

8. Falar de polícia – defensora da legalidade democrática, dos direitos, liberdades e garantias do cidadão, ou seja, garante do bem colectivo *segurança* – levanta a problemática da violação desses mesmos direitos, quando actua para repor um bem já afectado e, principalmente, quando a **polícia** actua sentindo-se a *"paria da sociedade"*[16].

O uso da videovigilância, como um meio técnico de segurança de que as forças policiais se socorrem para prevenir e, consequentemente, reprimir o crime, pode violar direitos fundamentais pessoais: *v. g., o direito à imagem, à reserva da intimidade de vida privada e familiar, à liberdade em geral e de circulação em especial*, que no nosso entender são corolários[17] do direito à integridade moral que solidifica forte e materialmente o princípio do **respeito pela dignidade da pessoa humana**.

Esta dignidade humana será, ainda mais, afectada se a colocação das câmaras de vídeo não for racional com o quadro urbano onde

---

[16] WESTLEY *apud* JORGE DE FIGUEIREDO DIAS e MANUEL DA COSTA ANDRADE, *Criminologia, o Homem Delinquente e a Sociedade Criminógena*, Coimbra Editora, 1997, p. 464 e o nosso *estudo "Será a Policia uma Minoria"*, In *Polícia Portuguesa*, Ano LXII, Mai/Jun99, pp. 18 e ss..

[17] Neste sentido o nosso estudo *"Da Publicação da Matéria de Facto das Condenações nos Processos Disciplinares na PSP"*, *in* Polícia Portuguesa, Ano LXII/ LXIII, números 120/121, Nov/Dez99, Jan/Fev2000, pp. 7 e ss. e pp. 14 e ss.. Aqui podemos relembrar a posição de MONTESQUIEU: «La cause de tous les relâchements vient de la impunité, *non de la moderation des peines*». *Apud* JEAN LARGUIER, *La Procédure Pénale*, 4.ª Edição, Presses Universitaires de France, 1973, p. 5.

se pretende prevenir a criminalidade ou qualquer acto que afecte a ordem e a tranquilidade públicas, porque, afecta a qualidade da vida do cidadão[18] por agressão do ambiente físico e social saudável.

O recurso à novas tecnologias – em especial, a videovigilância – como instrumentos auxiliares capazes de ajudar a minorar uma enorme percentagem da nossa criminalidade, não pode alhear-se da ideia de que desemboca na questão da violação ou não de direitos fundamentais que jamais poderão ser restringidos ilimitadamente ou suspensos, exceptuando-se nas situações do estado de sítio e de necessidade[19].

9. Sufragando MENEZES CORDEIRO, consideramos que *só se pode criticar o que se conhece*[20]. Conhecimento este de aquisição científico-jurídica da problemática que nasce com o estudo e confrontação das principais e circunstanciais questões levantadas por aqueles que marcam o testemunho da história.

Este pensar afasta a justificação do quadro técnico-jurídico numa perspectiva de *grande gestão*, porque não só é impossível, como a mesma apenas serve para auxiliar a uma melhor e própria análise de um meio de segurança que tem de obedecer na sua génese à Constituição e aos valores em que a mesma assenta. Neste sentido, apoiamo-nos na escrita autorizada de M. DA COSTA ANDRADE – "**Apolo,** que ao vencer e expulsar as **Erínias,** impôs (...) a justiça e o direito como o espaço de ultrapassagem dos conflitos dos homens"[21] – para afirmarmos que a lógica da vida em sociedade e da solução dos seus problemas, como o da segurança, não passa, apenas, por uma perspec-

---

[18] A cor das câmaras de vídeo deve ser a mesma que a cor dos prédios das ruas de forma a não destoarem do meio.

[19] Cfr. art. 19.º da CRP.

[20] Cfr. MENEZES CORDEIRO *apud* MANUEL VALENTE, "A crítica", *in Polícia Portuguesa*, Ano LXII (II Série), n.º 115, Jan/Fev99, p. 24.

[21] Cfr. MANUEL DA COSTA ANDRADE, *Liberdade de Imprensa e Inviabilidade Pessoal*, Coimbra Editora, 1996, p. 6.

tiva de *grande gestão*. Esta é um apêndice da estrutura colectiva que está, também, sujeita não só às normas constitucionais, como ainda às normas ordinárias, à jurisprudência e ao direito, sem se olvidar a conformação daquelas aos princípios gerais do direito e aos princípios gerais de cada ramo do direito, valores cruciais na construção de uma sociedade segura em justiça e em liberdade.

O recurso à videovigilância, que irá promover a captação de imagens de pessoas e de bens[22], pode promover a segurança cognitiva e real, mas pode, também, proporcionar a restrição desmedida e desproporcional e, até mesmo, a violação de vários direitos fundamentais pessoais: o direito à imagem, o direito à reserva da intimidade da vida privada, assim como o direito à liberdade em geral e de circulação em especial. Façamos uma breve viagem ao direito imediatamente tutelado e aos direitos directamente afectados com o recurso à videovigilância.

V

10. A **segurança**, na linha de GOMES CANOTILHO e VITAL MOREIRA, apresenta-se mais como um direito "garantia de exercício seguro e tranquilo dos direitos, liberto de ameaças ou agressões", ou seja, mais como *garantia de direitos do que* como *direito autónomo*.

---

[22] Parece-nos que existe uma incongruência no sistema jurídico. Por um lado, pretende-se reforçar os instrumentos físico-materiais tutelares do bem jurídico património no espaço de domínio público de utilização comum – *v.g.*, com a utilização da videovigilância –, e, por outro, admite-se que se extinga a responsabilidade criminal do agente de crime de furto qualificado desde que se enquadre nos termos e condições e estejam preenchidos os pressupostos do n.º 1 do art. 206.º do CP. Não obstante esta situação, consideramos que a teleologia do art. 206.º do CP é a mais adequada à realidade criminal e aos fins do direito penal e à valoração jurídica que deve ser dada ao património face a outros bens jurídicos como a liberdade.

É um direito pessoal e colectivo, que se encontra, primeiramente, consagrado constitucionalmente como direito pessoal no art. 3.º da Constituição de 1822: na qual se consagra *a ideia de segurança pessoal* em que ao governo competia promover a protecção de *todos para poderem conservar os seus direitos pessoais*[23]. O **direito à segurança**, seja na sua *dimensão negativa* – protecção contra *os poderes públicos* –, seja na sua *dimensão positiva* – protecção contra *agressões de outrem* –, como bem jurídico tutelado constitucionalmente, não pode ser promovido de forma que viole a prossecução dos direitos pessoais, cujo exercício lhe limitam a sua amplitude baseada no pressuposto da realização do interesse público[24] em liberdade.

A concreção do direito à segurança, que deve ser preferencial e originariamente prosseguido pelo Estado[25] e subsidiariamente por empresas de segurança privada, não **deve socorrer-se** de meios ou medidas de cariz de Estado de Polícia, mas sim **de meios que encontram o seu fundamento e a sua causa de existência nos próprios direitos pessoais enraizados na promoção do respeito da dignidade da pessoa humana.**

É um direito do cidadão (e, hoje, consideramos que é também um dos seus deveres societários como cidadão) e surge como dever do Estado, que, além desta garantia, lhe compete constitucionalmente *garantir os direitos e liberdades fundamentais e o respeito pelos princípios do Estado de Direito Democrático* – al. *b*) do art. 9.º da CRP. É nesta perspectiva que G. MARQUES DA SILVA fala em limitar

---

[23] Cfr. GOMES CANOTILHO e VITAL MOREIRA, *Constituição da República Portuguesa* Anotada, 3.ª Edição, Coimbra Editora, 1993, p. 184.

[24] Pensamos importante referir que o **interesse público deveria ser** *o de que cada um tenha as melhores possibilidades de alcançar a satisfação dos seus interesses.* Cfr., MANUEL FONTAINE CAMPOS, *O Direito e a Moral no Pensamento de Friedrich Hayek*, UCP – Porto, 2000, p. 106.

[25] Neste sentido WINFRIED HASSEMER, *A Segurança Pública no Estado de Direito*, AAFDL, Lisboa, 1995.

as restrições *ao mínimo indispensável, para se poder conciliar o apro-fundamento das liberdades individuais com a segurança colectiva*[26].

As liberdades individuais respeitam aos direitos pessoais, que estão *directamente ao serviço da protecção da esfera nuclear das pessoas e da sua vida*[27], cuja protecção não se esgota civilmente, mas se estende a uma tutela penal de alguns desses direitos – direito à vida, à integridade física, à imagem, à reserva da vida privada e familiar, ao bom nome e reputação.

11. O **direito à segurança não** pode nem deve ser encarado como **um direito absoluto do cidadão, nem** como uma **garantia absoluta** de todos os outros direitos. Desde logo, a Constituição submete-o à existência concreta do direito e do princípio da liberdade, que se apresenta como fundamento e limite da segurança – conforme se retira do art. 27.º da CRP.

Acresce referir que a segurança não se apresenta como desiderato exclusivo do Estado. Cabe, também, aos cidadãos garantir a segurança através de medidas e acções físicas e comportamentais adequadas a produzir um espaço dotado de maior segurança. Os cidadãos devem ter um papel dinâmico e activo fundamental na prossecução de espaços físicos e cognitivos de segurança, assim como lhes compete promover o desenvolvimento harmonioso do Estado que se quer de Direito e Democrático, não obstante recair, em primeira linha, sobre o Estado o dever fundamental de garantir a segurança de todos os cidadãos quer por meio de forças colectivas organizadas dotadas de *ius imperii* – polícia –, quer por meio da concepção de alvarás e de licenças de prossecução da actividade de segurança privada, quer permitindo que os cidadãos instalem siste-

---

[26] Cfr. GERMANO MARQUES DA SILVA *apud* ÉLIA CHAMBEL, *A Videovigilância em Locais de Domínio Público...*, p. 35.

[27] Cfr. GOMES CANOTILHO e VITAL MOREIRA, *Constituição da República...*, 3.ª Edição, p. 179.

mas mecânicos ou manuais de segurança nas suas habitações e junto das suas zonas de residência.

Nesta linha de pensamento e existindo sempre um limite para qualquer acção activa ou passiva, o Estado não se pode arrogar como defensor absoluto dos direitos dos cidadãos, socorrendo-se de todos os meios técnicos, mesmo que eficazes e eficientes, que possam pôr em causa não só direitos, liberdades e garantias, como ainda o desenvolvimento livre e responsável de uma sociedade.

A dignidade da pessoa humana efectiva-se com o reconhecimento dos direitos da personalidade. Há um reconhecimento de que a videovigilância, como meio ou instrumento auxiliar de segurança, põe, indubitavelmente, em evidência a violação de direitos fundamentais, cuja prossecução compete primeiramente ao Estado. Há o reconhecimento de que *Aquele* não se pode fazer valer do seu *ius imperii* para justificar medidas que poderão suspender e restringir direitos, liberdades e garantias sem o respeito dos pressupostos dos artigos 18.º e 19.º da CRP[28]/[29]: tais como, o respeito pelos princípios da necessidade, da adequação, da exigibilidade, da indispensabilidade e da proporcionalidade *stricto sensu* dos meios a utilizar, a par da previsão constitucional prévia da restrição e da não admissibilidade de restrições aniquiladoras do conteúdo e alcance dos direitos, liberdades e garantias fundamentais.

---

[28] Sobre a restrição de direitos, o nosso estudo "Da Publicação da Matéria de Facto nos Processos Disciplinares na PSP", in *Polícia Portuguesa*, Ano LXIII (II Série), n.º 120, Jan/Fev2000, pp. 14 e ss..

[29] No sentido de limitar o poder legislativo – como o mais poderoso de todos os poderes –, MAURIZIO FIORAVANTI considera fundamental o controlo da constitucionalidade das normas jurídicas «não só como instrumento de protecção dos direitos dos indivíduos e das minorias», mas também como forma de impedir que o poder mais forte (o legislativo) possa «aspirar a cobrir e representar todo o espaço da constituição, identificando-se com seu fundamento primeiro, mesmo com o povo". Cfr. MAURIZIO FIORAVANTI, *Constitucion de la Antigüedad a Nuestros Días*, (tradução do italiano para o espanhol de MANUEL MARTÍNEZ NEIRA), Editorial Trotta, Madrid, 2007, p. 109. Tradução nossa.

As novas tecnologias de prevenção criminal e o urbanismo o caso da videovigilância 53

12. O direito à liberdade[30] **em geral** abrange a *liberdade física*, a liberdade de *movimentos, i. e.*, o direito de não ficar *fisicamente confinado a um determinado espaço*, sem que seja impedido de se movimentar sem qualquer constrangimento, podendo este ser de natureza física ou moral. É nesta perspectiva que o n.º 2 do art. 27.º da CRP consagra o direito à liberdade que se projecta no *direito de não ser fisicamente impedido ou constrangido por parte de outrem* de se movimentar, de se expressar, de um normal crescimento, cuja acção do Estado deve posicionar-se na defesa e na protecção deste direito contra as restrições que outrem promova[31].

O **direito à liberdade de deslocação**[32] poderá ser posto em causa quando, entre a cidade *X* e a cidade *Y*, os cidadãos tenham de escolher pela residência na cidade *X*, porque nesta não se filmam nem se gravam todos os passos dados no seu dia a dia, no ensejo de evitar que os seus filhos nasçam, cresçam e se formem numa cidade onde tudo e todos são controlados por olhos que desconhecem, por mentes que lhes são completamente incógnitas.

Há que evitar a utilização de meios que possam restringir, ilegal e inconstitucionalmente, os direitos fundamentais através da viola-

---

[30] Poder-se-á acompanhar a posição de que a "Liberdade é obediência a regras gerais, por contraposição a obediência a caprichos dos homens, dos tiranos", [JOÃO CARLOS ESPADA, "Entre a servidão e o abuso", *in A Tradição da Liberdade*, Principia, Lisboa, 1998, p. 106].

[31] Cfr. GOMES CANOTILHO e VITAL MOREIRA, *Constituição da República...*, p. 184.

[32] O direito de deslocação dentro do território de um Estado está consagrado no art. 13.º da DUDH, no art. 12.º do PIDCP. Quanto a este assunto MIGUEL JOSÉ FARIA, *Direitos Fundamentais e Direitos do Homem*, 3.ª Edição, ISCPSI, Lisboa, 2001, pp. 200-202. Quanto à liberdade de um cidadão sair do seu país por não aceitar e não reconhecer como sua a ordem jurídica imposta pela maioria, mesmo em democracia, REINHOLD ZIPPELIUS, *Teoria Geral Do Estado*, (tradução de KARIN PRAEFKE-AIRES COUTINHO), 3.ª Edição, Fundação Calouste Gulbenkian, Lisboa, 1997, p. 174. Neste sentido FRANZ von LISZT, *Tratado de Direito Penal*, (tradução de JOSÉ HIGINO DUARTE PEREIRA), Russell, Campinas/SP, 2003, Tomo II, p. 95.

ção dos pressupostos legais e dos comandos e princípios jusconstitu-cionais – *v. g.*, art. 18.º, n.ᵒˢ 2 e 3 da CRP, o princípio da proibição do excesso e o princípio da prossecução do interesse público segu-rança e liberdade de todos os cidadãos. Do mesmo modo, se devem evitar instrumentos tecnológicos de prevenção que possam fazer perigar o aprofundamento dos direitos fundamentais pessoais ou se deve evitar que a sua utilização os aniquile.

A existência de videovigilância nas zonas urbanas pode **restringir** materialmente vários direitos dos **cidadãos**: *v. g.*, o direito de se **reunir** livremente, de se **manifestar**[33] – art. 45.º CRP –, de **constituir associações** e de se **associar livremente** – art. 46.º CRP –, de **tomar parte da vida política** – n.º 1 do art. 48.º da CRP –, ou seja, o direito de viver activamente numa sociedade democrática.

Consideramos que os processos operativos e legais de segurança que possam originar novas tipologias de criminalidade – tais como *a violação de direitos pessoais (imagem, a honra, a reserva da intimidade da vida privada), a ameaça, a coacção, a extorsão, a difamação*[34] – devem ser utilizados excepcionalmente e quando sejam indispensáveis à concretização do interesse público no respeito pelos interesses legítimos e direitos dos cidadãos. Não podemos justificar o recurso à videovigilância com a lógica do aumento da criminalidade numa zona ou com o argumento da eficácia na prevenção e na repressão (por meio da identificação dos agentes das infracções), pois acresce a estes argumentos os prescritos na Constituição e na lei.

Se se demonstrar que a videovigilância não trará os resultados esperados – prevenção e consequente diminuição do crime – não é admissível o recurso à mesma, devendo-se optar por outros métodos táctico-operacionais policiais adequados a prevenir e a diminuir a

---

[33] O direito de reunião e manifestação está consagrado no art. 20.º da DUDH, no art. 11.º da CEDH e no art. 21.º do PIDCP. Quanto a este assunto MIGUEL JOSÉ FARIA, *Direitos Fundamentais...*, 3.ª Edição, pp. 202-203.

[34] Neste sentido, LUÍS FÁBRICA *apud* ÉLIA CHAMBEL, *A Videovigilância em Locais de Domínio Público...*, p. 21.

incidência criminal naquele espaço[35]. Não basta haver fundamento legal, é preciso que o mesmo se preencha a montante e a jusante e se conexione com a alcançabilidade do fim desejado.

13. Adite-se, ainda, que nem sempre as restrições e suspensões de direitos e liberdades e/ou as penas abstractamente pesadas acarretam a respectiva diminuição da criminalidade, porque esta poderá mudar de forma e modo. A diminuição da criminalidade pode advir da certeza de responsabilidade por infringir, ou seja, a diminuição ou o fim da impunidade reinante nos Estados democráticos modernos.

O argumento de que sem segurança não existe liberdade não pode ser fundamento para defender a implementação da videovigilância como um meio auxiliar essencial na prevenção e repressão da criminalidade, uma vez que não podemos dar um carácter quase absoluto ao bem jurídico segurança de forma que se superiorize aos direitos pessoais, que, numa sociedade democrática, deveriam ser intangíveis, quando queremos e defendemos uma estrutura social em crescimento assente nas premissas da independência e da afirmação pessoal do indivíduo: liberdade e responsabilidade. Ao coarctarmos estes dois pilares da formação humana estamos indirectamente a restringir o exercício pleno e concreto dos direitos fundamentais.

Consideramos que nem se deve absolutizar a segurança, sob pena de delatarmos e aniquilarmos a liberdade face à sacralização daquela, nem devemos absolutizar a liberdade, sob pena de instalarmos a anarquia total[36]. Os limites de ambas são as linhas de orien-

---

[35] Como o reforço de efectivos e de patrulhamento apeado, velocípede e motorizado, assim como o reforço de operações policiais.

[36] Neste sentido, mas num plano diferente cuja construção de pensamento se aplica a este, DIOGO FREITAS DO AMARAL, *Do 11 de Setembro à Crise do Iraque*, Editora Bertrand, Lisboa, 2003, p. 53: «O problema essencial que o terrorismo internacional de grande envergadura põe ao Direito é o de encontrar um novo equilíbrio entre as necessidades da segurança nacional e as do respeito pelos direitos fundamentais. A primeira não pode ser subestimada, mas os segundos não podem ser sacrificados para além do razoável».

tação do legislador e do intérprete e aplicador da lei. Linhas essas que devem nortear o desenho urbano de modo a permitir uma maior paisagem urbanística capaz de promover segurança através da materialização de um ambiente saudável e do bem estar comunitário.

14. O uso de novas tecnologias como a videovigilância com o fim de garantir o direito de e à segurança, direito fundamental de todo o cidadão, restringe outros direitos fundamentais tais como **o direito à reserva da vida privada e familiar**[37] e o **direito à imagem**, direitos da personalidade, consagrados no art. 26.º, n.º 1 da CRP. Caso haja um uso da videovigilância fora do quadro jurídico vigente, pode a ofensa consignar a prática dos crimes de gravações ilícitas – p. e p. pelo art. 199.º do CP – e da devassa da vida privada[38] – p. e p. pelo art. 192.º do CP –, assim como de outros tipos legais de crime com a utilização das imagens gravadas.

A prossecução do direito garantia constitucional – *segurança* –, através da videovigilância, fora do regime previsto na Lei n.º 1/05, de 10 de Janeiro, por parte das forças e serviços de segurança, implica a infracção de normas jurídicas que tutelam *direitos da personalidade*[39].

---

[37] Como ensina MARCELLO CAETANO a "acção da polícia deverá desenvolver-se nos lugares públicos ou onde decorrem actividades sociais ilícitas", mas há "um mínimo de liberdade que as autoridades têm de respeitar: pertence a esse âmbito de acção livre a vida íntima". Cfr. MARCELLO CAETANO, *Manual de Direito Administrativo*, 7.ª Reimpressão da 10.ª Edição, Almedina, Coimbra, 2004, p. 1157.

[38] Sobre o crime da devassa da vida privada leia-se o nosso *Da Publicação da Matéria de Facto Nas Condenações dos Processos Disciplinares*, Edição do ISCPSI, Lisboa, 2000, pp. 58-60.

[39] Quanto à afectação dos direitos da personalidade – em especial, reserva de intimidade da vida privada e familiar e imagem – pela videovigilância, o nosso *Teoria Geral do Direito Policial* – Tomo I, pp. 339-344 (e bibliografia aí referida).

O perigo ou a ameaça que as forças e serviços de segurança procuram minorar ou evitar, nos termos dos n.os 5, 6, 7 e 8 do art. 7.º da Lei n.º 1/05, de 10 de Janeiro, podem ser preconizados pelas próprias forças e serviços que recorrem ao uso da videovigilância se o respectivo recurso não se enquadrar nos pressupostos da legalidade, da competência subjectiva e objectiva, da proibição do excesso ou da proporcionalidade *lato sensu* e da indispensabilidade do meio, a par dos pressupostos de forma, de espaço e de tempo[40].

VI

15. O recurso a novas tecnologias, como instrumentos de segurança pessoal e colectiva – *maxime*, videovigilância –, não só deve respeitar a ideia basilar de que a segurança é um direito garantia dos demais direitos, cuja restrição só é admissível se for admitida constitucionalmente e nos termos da lei da Assembleia da República – al. *b)* do n.º 1 do art. 165.º da CRP –, como deve ser a materialização de bem-estar e qualidade de vida, criando, desta feita, um ambiente urbano saudável num espaço seguro e livre.

Este espaço urbano seguro e saudável é um direito dos cidadãos e um dever do Estado (central, periférico e local) e de toda a colectividade em promovê-lo, *i e.*, é um dever de todos. Desta feita, impende sobre as edilidades a responsabilidade de não admitir a instalação de instrumentos tecnológicos que agridam o desenho urbano e que não se enquadrem nesse espaço, sem olvidarem de que há limites expressos legais e constitucionais.

---

[40] Quanto ao regime jurídico da videovigilância e a análise destes pressupostos formais e materiais, assim como o respeito por todos os princípios da intervenção policial, o nosso *Teoria Geral do Direito Policial* – Tomo I, pp. 345-371. Cfr. artigos 1.º, 2.º, 3.º, 4.º, 5.º, 6.º e 7.º da Lei n.º 1/2005, de 10 de Janeiro.

A segurança é um bem essencial ao desenvolvimento e à vivência em comunidade, mas não pode ser sacralizada sob pena de aniquilamento total dos demais direitos fundamentais – liberdade, reserva da intimidade da vida privada e familiar, imagem (etc.) –, todos eles bens essenciais à vida comunitária.

Obrigado.

Évora, 5 de Dezembro de 2007

URBANISMO, SEGURANÇA E LEI

MANUEL FERNANDES
Professor Catedrático Faculdade
de Arquitectura da Universidade do Porto

O termo "urbanismo" é um neologismo inventado há pouco mais de um século por Ildefonso Cerdà, o genial autor do Plano do "Ensanche" de Barcelona na sua "Teoria Geral da Urbanização" de 1867.

Curiosamente, trata-se duma situação idêntica à que acontece com a palavra "espaço" que, não sendo um neologismo (a palavra sempre existiu), nunca tinha sido, no entanto, aplicada até aos finais do século XIX, às "artes do espaço", como são a "arquitectura" e, por extensão, o próprio "urbanismo".

De facto, se hoje perguntarmos ao cidadão comum, "o que é a arquitectura ou o urbanismo?", seguramente que obteremos como resposta mais frequente que "é a arte de organizar o espaço", da "casa" no primeiro caso e da "cidade" no segundo.

O facto é que uma e outra das "artes" ou das "ciências", como se queira, com estas ou com outras designações, sempre existiram como "práticas" e sempre tiveram como consequência a "construção de espaço de habitar".

A verdade, no entanto, é que o "urbanismo" só nasce como "ciência", a partir do momento em que a "cidade industrial" introduz uma ruptura fundamental com a cidade dita "antiga ou clássica" e inicia o movimento que vai dar origem à chamada "cidade moderna" que, no entanto, só virá a ter consagração e a ser codificada, já no século XX, entre as duas grandes guerras, através da chamada "Carta de Atenas", primeiramente apenas conhecida dos seus autores (CIAM de 1933) e, depois, cerca de dez anos mais tarde, em 1943, quando Le Corbusier toma a iniciativa de a publicar em Paris, ainda a II Grande Guerra não tinha terminado.

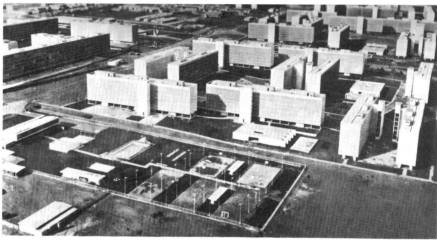

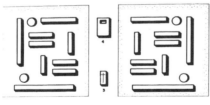

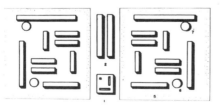

Figg. 1355-1356. Le unità di abitazione (supercuadras) a Brasilia. Ogni supercuadra comprende 2.500-3.000 abitanti, e quattro supercuadras formano un'unità più completa di 10.000-12.000 abitanti.

I servizi comuni:
1 cinema
2 negozi
3 chiesa
4 scuola all'aperto
5 parco
6 scuola
7 asilo

Unidade em Brasília

A publicação da "Carta" e a iniciativa de Le Corbusier são, no entanto e de certo modo, premonitórias, já que a inevitável reconstrução do pós-guerra, será o momento de por em prática o "urbanismo moderno" proclamado pela "Carta", como resposta, finalmente global, à cidade antiga, insalubre, promíscua, degradada e insegura e, em suma, desumana.

De facto, é a "Carta de Atenas" que enuncia os princípios do que virá a chamar-se "Urbanismo Moderno" que sintetiza em quatro expressões que serviram de roteiro a todos quantos fizeram cidade desde então e que são: HABITAR, TRABALHAR, RECREAR (horas livres ou "loisir") e CIRCULAR.

No seu Ponto 77, a Carta de Atenas clarifica, de facto, cada um destes princípios que também designa de "funções" ou "chaves", do seguinte modo:

"O urbanismo em uso tem atacado até aqui apenas um problema, o da circulação. Tem-se contentado em romper avenidas ou em traçar ruas, constituindo assim as "ilhas" construídas, cujo destino se deixava ao acaso das iniciativas particulares.

É um desígnio bem estreito e insuficiente da missão que lhe é destinada.

O urbanismo tem quatro objectivos que são estes:

Primeiramente, assegurar aos homens alojamentos saudáveis, isto é, lugares onde o espaço, o ar puro e o sol (estas três condições de natureza") estejam largamente assegurados;

Em segundo lugar, organizar os locais de trabalho, de maneira este em vez de ser uma sujeição penosa, retome o seu carácter de actividade humana natural;

Terceiro, prever as instalações necessárias à boa utilização das horas livres, tornando-as benéficas e fecundas;

Quarto, estabelecer a ligação entre estas diversas organizações por meio de uma rede circulatória, que assegure as trocas e ao mesmo tempo respeite as as prerrogativas de cada um.

ESTES QUATRO OBJECTIVOS SÃO AS QUATRO CHAVES DO URBANISMO.

(Transcrição do texto publicado na revista Arquitectura em 1948)

A história das cidades, construías e/ou reconstruídas, a partir do fim da guerra (1945), é um contínuo exercício em torno destes princípios que, naturalmente, não têm em consideração a cidade antiga que era a antítese da cidade moderna que agora se pretendia criar (definitivamente). Da cidade antiga, não vão restar mais do que "monumentos" como "valores arquitecturais" que "devem ser salvaguardados".

No entanto, a "Carta" não deixa lugar a dúvidas:

(Ponto 65) "a vida de uma cidade é um acontecimento contínuo manifestado através dos séculos por obras materiais, traçados ou construções, que a dotam com a sua personalidade própria e de onde emana pouco a pouco a sua alma.

São estes testemunhos preciosos do passado que serão respeitados, primeiramente por causa do seu valor histórico ao sentimental, depois + porque alguns deles têm em si uma virtude plástica na qual se encarnou o mais alto grau de intensidade do génio humano."

(…)

(Ponto 66) "Serão salvaguardados se forem a expressão de uma cultura anterior e se corresponderem a um interesse geral. A morte não poupa nenhum ser vivo, ataca também as obras dos homens. É preciso saber, nos testemunhos do passado, reconhecer e discriminar os que estão ainda bem vivos."

(…)

"… Se a sua conservação não implicar o sacrifício de populações mantidas em condições insalubres. Um culto estreito do passado não deve manter a ignorância das regras da justiça social. Espíritos mais inclinados para o "estetismo" do que para a solidariedade, militam em favor da conservação de certos velhos bairros pitorescos, sem fazer caso da miséria, da promiscuidade e das doenças que aqueles abrigam."

(Ponto 69) "A destruição dos bairros miseráveis à volta dos monumentos históricos dará ocasião a criar superfícies verdes.

Urbanismo, Segurança e Lei

Admite-se, em certos casos, que a demolição de casas insalubres e de bairros miseráveis em volta dum monumento histórico destrua um ambiente secular. É uma coisa lamentável mas inevitável. Aproveitar-se-á a situação para introduzir superfícies verdes. Os vestígios do passado ficarão banhados por um novo ambiente, talvez inesperado, mas certamente tolerável, e com o qual, de qualquer forma, beneficiarão largamente os quarteirões vizinhos."

(...)

A "carta", desenhou a cidade moderna até finais da década de cinquenta, tentando, durante este curto mas empolgante período de tempo, formalizar de muitos modos os (sagrados) princípios enunciados. Duas "formas" e dois "acontecimentos" (consequências, factos, fenómenos) fundamentais podem, no entanto, traduzir o essencial da cidade moderna: O "bloco de habitação colectiva" e a "via segregada" são, por excelência, as formas da cidade moderna, e o abandono do "centro histórico" (quando não foi destruído) e a consagração do "subúrbio" ou do "bairro periférico" são, por definição, as suas consequências maiores.

Evidentemente que esta "nova cidade" nasce, naturalmente, sob o signo do "zonning" (ou do zonamento) como consequência natural (e inevitável) da programática distribuição e consequente separação das funções ditada pela "Carta": habita-se num lado, trabalha-se noutro, recreia-se ainda noutro e circula-se (intensa, mecânica e ciclicamente) entre todos.

Perante este novo cenário, o modelo alternativo à cidade clássica que o urbanismo moderno vinha impondo, com a "Carta" numa mão e "a necessidade de reconstrução rápida e total" na outra, não dura, contudo, mais do que uns escassos 13 anos. De facto, um grupo de "arquitectos/urbanistas", auto-designados TEAM X, também eles "utilizadores" (e, até, autores) da "cartilha", declara a falência da "Carta" que tinham ajudado a "redigir" e, com ela, o fim da "cidade moderna". As razões eram muitas mas, de todas, sobressaíam as questões de ordem social e, fundamentalmente, as questões da ...

SEGURANÇA, ou melhor, as questões das várias "SEGURANÇAS" que a cidade era suposto garantir, desenvolver e elevar a um alto grau de eficiência!

A verdade é que a "nova cidade" – a cidade moderna – não só não tinha resolvido a questão da pretensa obsolescência dos "centros históricos" que, ou foram destruídos para isolar monumentos, ou foram deixados à sua sorte e à desvitalização por pretensa inadequação a qualquer tipo de vida moderno, ou foram desumanamente abandonados à degradação e à sobre-ocupação, já que por ali ficaram os estratos sociais de menores recursos ou mesmo insolventes e sem qualquer força reivindicativa, como tinha levado aos novos bairros periféricos uma imensa população que, atraída pelas novas e (mono)funcionais unidades de habitação implantadas em amplos e generosos espaços verdes, apenas chegava a "casa" para dormir e para no dia seguinte de manhã se deslocar para o "trabalho" no outro lado da cidade, repetindo, sem cessar, este circuito infernal do dia a dia, apenas entrecortado por eventuais deslocações, também elas (naturalmente) massivas, para os lugares de "recreio" ou diversão, eles também localizados noutra "zona" da cidade.

E, de súbito, todos estes lugares se foram tornando progressivamente POUCO SEGUROS ou mesmo INSEGUROS! Ou porque estavam dramaticamente vazios de dia (nos "bairros dormitório"), ou porque estavam, igualmente desertos, de noite (nas zonas industriais), ou porque circular era da mesma forma inseguro (as vias já não eram ruas com casas dos lados). Os transportes mecânicos, circulando em vias próprias (mecânicas) e, portanto, segregadas, a abarrotar de gente condenada a viajar sempre às mesmas horas e nos mesmos sentidos, passaram a consumir horas de descanso, de recreio e de convivência social pacífica.

Naturalmente que, neste quadro, tudo concorria para a rápida degradação da qualidade de vida nas cidades e, portanto, para a "reposição" da questão urbana, em virtude da tendência imparável para a progressiva urbanização das populações e o consequente crescimento demográfico das cidades que já se desenhavam como metrópoles sem um "princípio" que as contivesse ou mesmo como "megalópoles" sem um sentido que as sustentasse e apenas condenadas a crescer indefinidamente, de modo clandestino, informal ou marginal, mas sempre "em mancha de óleo" que não pára.

Fig. 1552. Veduta panoramica di Caracas nel 197
Una città di due milioni di abitanti, di cui circa la m(
risiede nei quartieri « marginali ».

Caracas

Em boa verdade, as barracas não acabaram, os bairros de lata também não, os clandestinos proliferaram, as casas sobre-ocupadas multiplicaram-se e os cenários (político-sociais) do século XIX reeditaram-se, perante a incapacidade da "cidade moderna", progressivamente INCAPAZ e INSEGURA!

Os anos que se seguem são anos de crença e esperança na técnica (a tecnocracia aparece como novo mito) mas, nem a nova revolução industrial (da era atómica), nem as novas formas de exploração das riquezas (e dos homens), nem a emergência de novas consciências sociais, políticas e culturais, levam as democracias a encontrar um – novo – modelo alternativo quer à pretensamente defunta cidade clássica, quer à recém-falhada cidade moderna (em qualquer das suas variantes).

Em consequência do crescimento das cidades, o território (delas e fora delas), consequentemente, desertifica-se progressivamente e também definitivamente. O território, assim desertificado e abandonado, torna-se também ele, inseguro, porque desabitado e desvitalizado. Em suma, inóspito.

Os anos que se seguem são, em termos de políticas de cidade, anos de "crise" porque aos modelos existentes, antigo(s) e moderno(s), não sucedeu nenhum outro. Mas nem por isso as cidades deixaram de crescer mas, agora, com todas as perversões que a cidade clássica pôde gerar e a cidade moderna tornou possíveis. Uma das consequências mais imediata foi a extrema densificação da cidade e, sobretudo, a densificação de carácter eminentemente especulativo que "aproveitou" todas as portas deixadas pelos maus usos dos bons modelos anteriores.

O que sucede não é mais do que a caminhada para essa cidade casual e mercantil (na pior sentido da palavra), assente em políticas que já não se afirmam pelo que propõem mas, antes, pelo que rejeitam (ou aparentam rejeitar). É desta ausência de "projecto" de "ideia" ou de "conceito" que nasce o PÓS-MODERNISMO, cujo ponto de partida é a simples negação do MODERNO.

Phillip Jonhson, arquitecto e um dos nomes de proa dos CIAM e que, por isso, havia sido um dos mentores da Carta de Atenas, proclama o fim da "cidade moderna" e de tudo o que ela significa, no exacto momento em que, por implosão espectacular, é integralmente demolido o gigantesco e magnífico bairro habitacional de

Pruitt-Igoe, em St Louis no Missouri, projectado poucos anos antes por Yamasaki, no mais escrupuloso respeito pelo ideário da Carta de Atenas. As imagens correram mundo e, com elas, a noção de que a cidade moderna fazia mais parte do problema do que da solução!

Destruição por implosão do bairro habitacional de Pruitt-Igoe, em St Louis no Missouri, EUA, projectado pelo arquitecto Yamasaki

As questões sociais, de vizinhança e de falta de SEGURANÇA a todos os níveis, tinham condenado e destruído, de um só golpe, aquela bela arquitectura e aquele urbanismo racional, higiénico, saudável e eminentemente comunitário, destruindo, sinal e símbolo da esperança que tinha nascido cerca de cinquenta anos antes (década de vinte) quando Le Corbusier publica as propostas para a "Cidade de três milhões de Habitantes" e para a sua brilhante e original "Cidade Radiosa"!

Com a morte da "utopia modernista" e com a fragilidade (mais do que evidente) do movimento "pós-modernista", os olhos dos "cidadãos" (os habitantes das cidades), voltam-se para os "centros das cidades" que tinham sido abandonados, por serem promíscuos, anti-higiénicos e demasiadamente afastados das benesses da natureza. Aí, nos "centros históricos", os cidadãos que haviam escolhido os saudáveis arredores, acabam por redescobrir as potencialidades da cidade antiga (clássica ou histórica), a vida da rua e da praça, o sentido solidário da vizinhança e o espírito gregário do bairro, o conforto da proximidade e as virtudes da multifuncionalidade que a cidade moderna havia rejeitado. O movimento do "regresso ao centro" ganha corpo e intensidade e deixa o subúrbio, por definição, provisório, inacabado, sujo, poeirento e sempre em mutação. E, por isso mesmo, o subúrbio torna-se, naturalmente, ainda mais INSE-GURO do que o centro, por definição, consolidado, estabilizado e "imutável" excepto no que o tempo faz às pessoas e às coisas: torna-as velhas!

O centro, a cidade antiga, a cidade histórica, ganha, então (e rapidamente), o estatuto de "cidade consolidada", para a qual convergem as atenções de todos quantos recearam, um dia, perder a memória e as referências sociais, espaciais e vivenciais que "só" (aparentemente "só"!) a cidade histórica pode oferecer e garantir que se não percam. O subúrbio, a periferia, a cidade moderna, "ganha", ao contrário e simetricamente, o estatuto de "cidade mutante", em permanente transformação, instável e carente de referências e memórias.

Mas nem o "regresso aos centros" nem o "esvaziamento dos subúrbios" se fazem sem contradições que, hoje, sabemos dificilmente compatibilizáveis ou mesmo insanáveis. É que, tanto um como outro, se modificaram já muito e tardam mesmo a reencontrar os seus próprios sentidos. A noção predominante é, contudo, a de que se a cidade é, por definição, fragmentar, não pode deixar de ser lida como um todo porque centro e subúrbio se tornaram, apesar do que os separa, realidades complementares e absolutamente inseparáveis. A procura dos necessários equilíbrios passou a ser uma das tarefas mais ingentes de todos quantos se preocupam com o fenómeno urbano ou de todos quantos têm a seu cargo a definição, a concretização e a aplicação de políticas capazes de reconduzir estes "monstros urbanos" nascentes e que, nalguns casos, até já atingiram a idade adulta, (sejam metrópoles, megalópoles, conurbações, áreas metroplitanas, comunidades urbanas, ou quaisquer outras formações e formulações representando idênticas realidades) a espaços de viver colectivo e comunitário de qualidade, o que quer que isso possa significar. Ora, o que esta qualidade hoje significa em primeiríssimo lugar é, exactamente, a noção ou o sentimento de SEGURANÇA que, ou existe e é "seguro" ou não existe e põe em causa a própria noção de cidade.

A questão da SEGURANÇA é, historicamente, inerente à noção de cidade. Em bom rigor, há duas noções fundamentais que estão na base do nascimento das cidades. São elas, a noção de (viver em) SOCIEDADE e a noção de (viver em) SEGURANÇA. Ora, sem estas duas QUALIDADES, as cidades tornam-se simples AGLOMERADOS de coisas e de pessoas.

Laugier disse que "antes de construir a casa o homem teve de construir o CONCEITO". E assim é, também, com a cidade.

INSEGURANÇA NOS CENTROS HISTÓRICOS – O CASO DE ÉVORA[1]

MARIANA CASCAIS
Professora Associada do Departamento de Sociologia
da Universidade de Évora

MARIA DA SAUDADE BALTAZAR
Professora Auxiliar do Departamento de Sociologia
da Universidade de Évora

Introdução

Os principais atributos dos centros históricos remetem-nos para uma reflexão sobre a especificidade da cultura urbana que neles se desenvolve. E em que as questões urbanísticas em muito se articulam com as relativas à segurança, isto é, importa indagar o impacto da segurança na preservação histórico-cultural dos aglomerados urbanos.

Decorrente deste interesse, pretende-se com esta comunicação contribuir para um melhor entendimento sobre a problemática da segurança/insegurança nos centros históricos, nomeadamente o caso de Évora. Parte-se de uma abordagem acerca da especificidade da

---

[1] Comunicação apresentada no Seminário Urbanismo, Segurança e Lei (05/12/2007).

cultura urbana das cidades com centros históricos, para se destacar a evolução e caracterização do Centro Histórico de Évora. As questões relativas à segurança *vs* insegurança assumem particular destaque quando se pretende associá-las à degradação que se vivencia nestes perímetros urbanos como é o caso de Évora. A título de notas finais pretende-se contribuir para a identificação de algumas políticas urbanas para os centros históricos visando contribuir para uma actuação mais coerente e consentânea, por parte dos responsáveis e/ou políticos, com as necessidades e expectativas das populações residentes assim como do modelo de desenvolvimento que se pretende implementar nestas áreas urbanas e na sua envolvente.

1. Centros Históricos – uma cultura urbana específica

A noção de centro histórico vai além de uma localização ou da ideia de património. Pressupõe cada vez mais uma cultura, senão mesmo uma filosofia de vida.

Garante que é de uma identidade, o centro histórico encerra inevitavelmente um conjunto de referências reais ou simbólicas que atestam um percurso e legitimam o presente, pelo testemunho permanente do passado.

Porque a globalização se acrescenta todos os dias e "engole" as identidades, cada vez mais as referências comuns como a língua, a história, os símbolos aparecem como o reforço de uma espécie de convivência que materializa as raízes e constrói a segurança.

Independentemente da sua localização geográfica, é possível identificar uma acentuada similitude nos problemas apresentados nos centros históricos, muito em particular se estes se situarem em cidades de média dimensão.

Decorrente das múltiplas transformações, de natureza social, funcional ou morfológica, ocorridas nas últimas décadas, estas áreas urbanas evidenciam uma multiplicidade de problemas que se reportam à população e estrutura social da mesma, usos do solo, edificado e habitações, estrutura urbana e trânsito, conforme sistematização apresentada por Emílio Martinez (2001) e que consta do quadro 1.

O conceito de "*invasão-sucessão*" defendido pelos ecologistas da Escola de Chicago procura explicar a substituição das populações tradicionais residentes em determinados locais, nomeadamente em centros históricos, por "novos ricos". Por incapacidade financeira, a expulsão dos tradicionais habitantes devido às obras de recuperação operadas nos centros históricos ou a falta delas, leva a que entre a população residente dos centros históricos se destaque aqueles que acabam por se manter nas habitações em condições de habitabilidade muito degradadas. Processo de segregação e de exclusão social de que são alvo pelo predomínio das leis do mercado e do capitalismo liberal, leva a considerar que são estas as pessoas mais afectadas por toda a dinâmica vivenciada nos centros históricos.

QUADRO 1 – Problemática Tipo dos Centros Históricos

População e estrutura social	Perda de efectivos (esvaziamento demográfico) Expulsão de grupos sociais Processos de invasão – sucessão (conceito utilizado pelos Ecologistas da Escola de Chicago) Envelhecimento Segregação de áreas e exclusão social (áreas étnicas, áreas problema, estigmatização de sectores sociais e urbanos) Aburguesamento ou "*gentrificación*" (fixação de estratos sociais favorecidos nos centros urbanos tradicionais – selectividade e exclusão)
Usos do solo	Escassez de zonas verdes Déficit dotacional Equipamentos estandardizados Equipamentos de função metropolitana no local Desaparecimento de usos residencial e de serviços comunitários Terciarização selectiva **(continua)**

(continuação)	Perda de vitalidade funcional Decréscimo ou desaparecimento de fontes de emprego tradicional (comercio, artesanato, industria urbana) Transformação quantitativa e qualitativa da estrutura comercial
Edificação e habitação	Inadequação a novos usos e formas familiares Envelhecimento, obsolescência e degradação Alto número de casas vagas Casas em estado de ruína Substituição de edifícios residenciais por modernos imóveis de oficinas e escritórios de profissionais em áreas seleccionadas Condicionantes de tipo histórico – cultural e tipológico
Estrutura urbana	Tecido urbano inadequado e pouco esponjoso Forma e tamanho das parcelas Variações do preço do solo (incremento absoluto e relativo)
Trânsito	Problemas de estacionamento Congestionamento Poluição e contaminação acústica Difícil equilíbrio entre trânsito pedonal e motorizado

Fonte: Martinez, 2001:94

2. O Centro Histórico de Évora – evolução genérica e caracterização

Sem se afastar da problemática anteriormente enunciada, Évora é dos maiores centros históricos nacionais, Património da Humanidade desde 1986, ao contar com 104ha de solo amuralhado e um caminho que lhe conferiu uma diversidade de culturas: da romana à visigótica, à cultura árabe, até à construção da cidade medieval cujo crescimento determinou a edificação da nova muralha.

Com o seu auge no período das descobertas, em que o país foi governado a partir de Évora, o Aqueduto, a Universidade, a Igreja de São Francisco, muitas casas nobres reflectem um período com o qual contrasta o declínio da cidade após a perda da independência.

A sua situação de Património da Humanidade tem reforçado uma cultura urbana que é suportada pela identidade de cada habitante com a sua cidade e que, em 1919, o Grupo Pró-Évora terá tornado institucional quando se constituiu como a primeira Associação de Defesa do Património em Portugal.

Évora evoluiu, portanto, de acordo com a dinâmica dos povos que sucessivamente a ocuparam. Durante o período romano contava com cerca de 5000 habitantes, para uma envolvente rural razoavelmente povoada.

Durante a ocupação visigótica a população terá sido predominantemente rural, mas presume-se que a cidade árabe terá atingido mais de 10 000 habitantes.

Na Idade Média o crescimento levou à necessidade do alargamento do espaço urbano para os actuais 104ha, com cerca de 4km de muralha.

A evolução mais actual da população reflecte o "modelo" recente de desenvolvimento da cidade, mais ou menos espontâneo, ou mais ou menos estratégico.

Nos anos 40 o Centro Histórico contava com quase 19.000 habitantes, o seu máximo, para em 1970 ultrapassar apenas os 12.600, em 1990 não chegar a 8.000 habitantes e, em 2001, contar com 5.661. Declínio demográfico que ilustra bem como se trata de uma área particularmente pouco atractiva, cuja variação populacional denota um expressivo crescimento negativo, designadamente durante as últimas duas décadas perdeu quase metade da população. O que quer significar que neste período temporal, em média por cada cem residentes do Centro Histórico diminuiu em cerca de cinco por cada ano. Tendência evolutiva que se tem vindo a acentuar nos últimos anos, isto é, se de 1981 a 1991 a diminuição percentual da população residente no Centro Histórico de Évora foi de 26,8% na década seguinte aumentou para 27,7%.

FIGURA 1 – Evolução da População Residente em Évora (n.º)

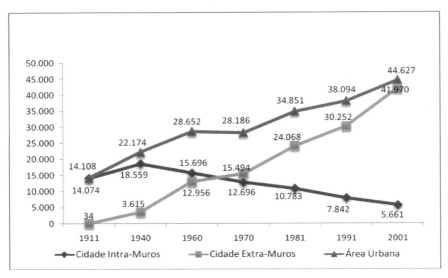

Fonte: INE – Censos

Isto traduz, efectivamente, um percurso de degradação do centro, pelo menos ao nível da sua dinâmica populacional, até porque a população urbana total aumentou entre 1940 e 1991, de cerca de 22.000 para 44.627 habitantes. Duplicação da população que se traduziu num reforço da escalada ascendente da população residente na área urbana em particular desde 1991, tendência evolutiva que surge reforçada pela que se manifestara na designada cidade extra-muros ao se evidenciar uma aproximação cada vez mais pronunciada entre a população residente fora do Centro Histórico de Évora e a que reside em toda a área urbana da cidade.

Decorrente do exposto, cabe uma referência às políticas urbanas direccionadas para o património, particularmente às que se reportam às décadas pós-revolução e que mencionavam como justificação o facto de, até aí, "não terem sido criadas as condições para um crescimento equilibrado da cidade, daí a sobreocupação do centro e um crescimento desordenado da periferia".

Para uma análise mais enquadradora dos aspectos socio-demográficos da área territorial em estudo, interessará referir que as duas últimas décadas do século XX, correspondem ao período em que o Centro Histórico de Évora foi alvo de importantes mutações relacionadas com a sua classificação como Património da Humanidade pela Organização das Nações Unidas para a Educação, Ciência e Cultura (UNESCO) e o consequente aumento de visitantes, em particular turistas ou ainda a expansão da Universidade e o correspondente acréscimo de estudantes.

Contextualização necessária para que se possa compreender as principais razões que justificam o facto de paralelamente à diminuição da população residente[2] no Centro Histórico de Évora, entre 1981 a 2001, se ter registado um aumento relativo da população presente[3], como se pode observar pela figura que se segue.

---

[2] *População residente* – Pessoas que, independentemente de no momento de observação, estarem presentes ou ausentes numa determinada unidade de alojamento, aí habitam a maior parte do ano com a família ou detêm a totalidade ou a maior parte dos seus haveres (INE – conceitos).

[3] *População presente* – Pessoas que, no momento de observação, se encontram numa unidade de alojamento, mesmo que aí não residam, ou que, mesmo não estando presentes, lá chegam até às 12 horas desse dia (INE – conceitos).

FIGURA 2 – Evolução da População Presente e População Residente
no Centro Histórico de Évora, 1981-2001 (n.º)

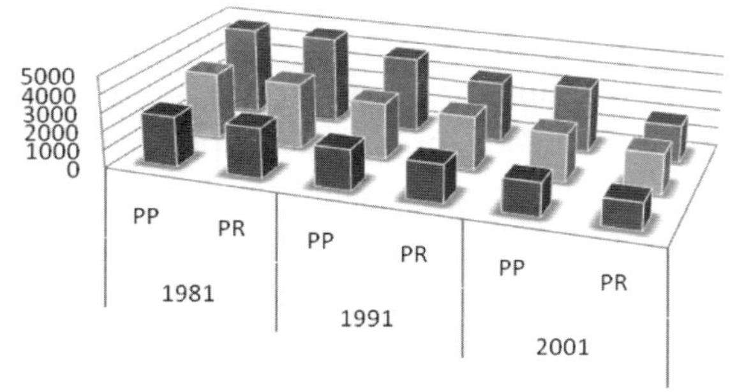

	1981		1991		2001	
	PP	PR	PP	PR	PP	PR
Stº Antão	2730	2725	2211	2068	1797	1473
São Mamede	3589	3560	3051	2920	2588	2170
Sé e São Pedro	4746	4732	4082	3250	3513	2025

Fonte: INE – Censos 2001

A evolução que se registou nas duas décadas em análise eviden-
cia de sobremaneira o ritmo de crescimento desigual da população
presente face à residente, e que se fora progressivamente acentuando.
Em 1981 a proporção da população residente face à presente era
superior a 99 % desta em todo o Centro Histórico de Évora. Situação que se alterara significativamente volvidos apenas dez anos, assim
em 1991 a diferença entre população presente e população residente
já corresponde a uma cifra de 1106 indivíduos. Tendência evolutiva
que se reforça em 2001, pela duplicação do valor apresentado por
esta diferença, muito em particular na freguesia da Sé e São Pedro,
o que traduz bem o progressivo abandono do Centro Histórico por
parte dos seus habitantes tradicionais, pese embora os frequentadores periódicos terem aumentado consideravelmente.

Acentuado despovoamento do Centro Histórico que se encontra
indubitavelmente associado às alterações a nível funcional deste local,

reforçadas após a classificação atribuída pela UNESCO em 1986. As quais se encontram traduzidas na evolução do número de edifícios e de alojamentos existentes no Centro Histórico. Tendência evolutiva do número de edifícios que acompanha a verificada no que concerne à população residente da área intra-muros, registando-se o seu máximo em 1940 e a partir de então inicia-se o seu progressivo decréscimo, como consta da figura 3. Se em 1970 metade dos alojamentos situava-se intra-muros em 1991 estes representam apenas 25%.

FIGURA 3 – Evolução do n.º de Edifícios e Alojamentos
no Centro Histórico de Évora – Séc XX

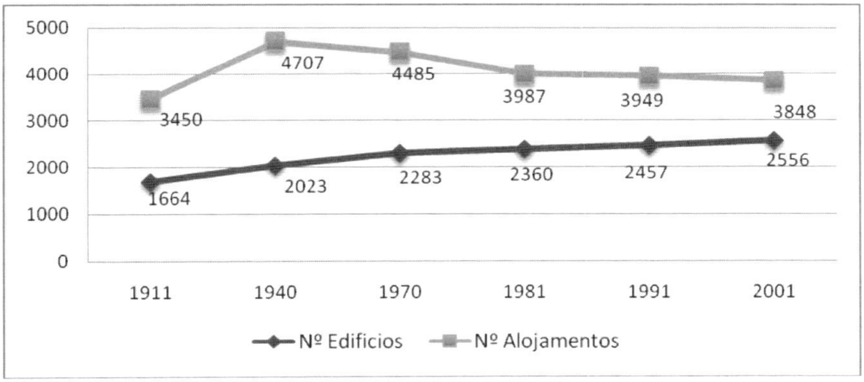

Fonte: INE – Censos 2001

Em contraponto, o aumento do n.º de edifícios no Centro Histórico ilustra o decréscimo da função habitacional face às crescentes funções ligadas ao sector terciário – a terciarização da cidade intra-muros é uma realidade cada vez mais premente dado o acentuar das suas funções comerciais, administrativas e culturais. A larga maioria dos fogos devolutos por cessação de arrendamento ou alienados pelos seus proprietários foram transformados em serviços, comércio ou actividades liberais.

O Centro Histórico é visto como um local de trabalho, de lazer, de encontros, de sociabilização …"é único".

Mas o mesmo casco histórico único pode ter-se tornado vítima da sua preservação, enquanto as limitações impostas, embora reforço inevitável de uma identidade e condição essencial para a qualificação do Património da Humanidade, foram ao mesmo tempo responsáveis, directa ou indirectamente, pelo seu esvaziamento (custo elevado, falta de obras, má iluminação, falta de acessibilidades, trânsito complicado, por exemplo).

Entre 1911 e 1940 a população cresceu 31,9%, para entre 1940 e 1960 sofrer um decréscimo de 15,4% e finalmente, entre 1991 e 2001 uma diminuição de 28,5% (cf figura 1). Entretanto, em 1991 48,5% da população contava mais de 50 anos e só 13,4% tinha menos de 14 anos, para valores correspondentes de 31,5% e 27,2% extramuros.

O que revela um claro e progressivo envelhecimento demográfico, e que se acentuou profundamente na década de 90, como se pode observar na figura 4. Se em 1981 os indivíduos com mais de 65 anos representavam 18% da população do centro histórico passados apenas dez anos aumentou para 26,4% do total e em 2001 o seu peso relativo representa mais de metade da população total (56,2%).

O duplo envelhecimento populacional é ainda visível mediante a tendência evolutiva, de sentido contrário, relativa à população com menos de 14 anos. Isto é, em 1981 partiu-se de uma cifra similar ao peso correspondente à população idosa (17,2%), baixando para 13% em 1991 e para apenas 8,6% em 2001 – o que representa menos de metade da população com idades inferiores a 14 anos comparativamente a 1991.

FIGURA 4 – Envelhecimento Populacional no Centro Histórico de Évora

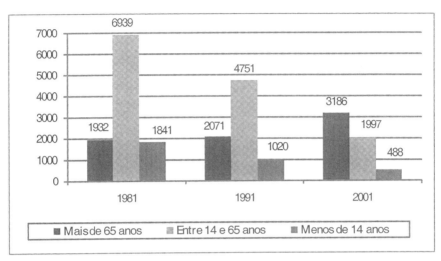

Fonte: INE – Censos 2001

Este expressivo envelhecimento pode ainda ser traduzido pelo índice de vitalidade, que em 2001 se situa nos 652,9, o que quer significar que por cada cem jovens existem aproximadamente 653 idosos. *"Globalmente, tem de se considerar a situação preocupante, não tanto pelo momento presente, dado que a presença habitacional, embora diminuindo muito, ainda apresenta uma densidade satisfatória, mas sobretudo pela dinâmica instalada. Esta, conjugada com o envelhecimento populacional, pode conduzir a um esvaziamento residencial e, à descaracterização do Centro Histórico."* (P.U.E. – Relatório, 1995:20).

À semelhança das informações recolhidas para a população residente também os dados relativos à fixação das famílias denotam uma incidência crescente na zona extra-muros contrapondo-se ao decréscimo verificado no centro histórico. Em 1981, as famílias residentes na zona intra-muros correspondiam a cerca de 30% do total de famílias eborenses, volvidos dez anos passou para cerca de 25%

enquanto que em 2001 representavam apenas 15% do total de famílias existentes em Évora.

Por seu turno, a composição de tais famílias emerge como um outro atributo do Centro Histórico de Évora que se revela preocupante pelo seu potencial contributo para a denominada desvitalização deste local, como se pode constatar na figura 5.

Enquanto os agregados familiares são em mais de 50% constituídos por uma ou duas pessoas desde 1981, os que apresentam 3 ou mais elementos têm vindo a manifestar um progressivo decréscimo para dar lugar às famílias unipessoais ou com 2 pessoas. Se em 2001 a larga maioria das famílias do Centro Histórico são constituídas por um ou dois elementos, o n.º de pessoas a viver isoladas tende a aumentar consideravelmente estando associado quase exclusivamente a idosos que necessitam de apoios sociais aos mais diversos níveis.

FIGURA 5 – Composição das famílias residentes no Centro Histórico de Évora

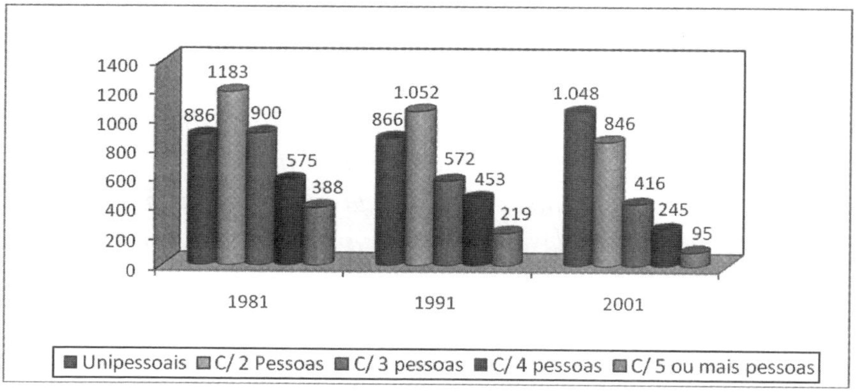

Fonte: INE – Censos 2001

Perfil sociológico que deve ainda ser complementado com informações relativas à condição económica destes agregados familiares. Para a área em análise, a reduzida dimensão média das famílias encontra-se associada aos reduzidos rendimentos auferidos. Em 2001, e de acordo com a informação recolhida através de inquérito aplicado, pela Câmara Municipal de Évora, à população residente no centro histórico de Évora, 35% da população tem rendimento inferior a um salário mínimo nacional.

Acresce a fraca mobilidade dos residentes, 17% mora na mesma casa desde o período entre 1940 e 1960 e só 39% ocupam a mesma casa desde 1980, sendo 60% das casas arrendadas; e o valor das rendas, muitas ainda sem recibo ou contrato, e a maioria com contratos ilimitados no tempo, é extremamente baixo (44% pagava entre 1.000$ e 7.000$ em 2001).

Em complemento, e em igual período de tempo, importa destacar que só aproximadamente 30% das habitações são ocupadas pelos proprietários. Estas são construções relativamente recentes em comparação ao momento de construção das que se encontram arrendadas. Ora tratando-se de arrendamentos de longa data com valores de renda muito diminutos, este é certamente o principal obstáculo à realização de obras. Pelo que a degradação física das habitações pode estar directamente associada à questão do título de ocupação. *"É de notar que as carências qualitativas já aqui detectadas, coincidem com estratos sociais de fraca capacidade económica e que estes dificilmente poderão aceder ao mercado habitacional privado ou mesmo cooperativo." (P.U.E. – Relatório, 1995:20)*

É evidente que tudo isto constitui um conjunto de constrangimentos importantes à possibilidade de recuperação dos edifícios.

3. A degradação do Centro Histórico de Évora e a insegurança

Decorrente do anteriormente descrito, o centro histórico de Évora é o maior do país classificado como Património Mundial pela UNESCO, e segundo a informação disponibilizada pela autarquia apresenta um quinto das casas degradadas, muitas delas em ruínas. São cerca de 700 casas que correspondem a 20% do património habitacional da zona intra-muros, o que revela bem a gravidade do problema ao se constituir como uma forte ameaça à integridade do Centro Histórico.

A realização de obras surge, pois, como uma necessidade de prioridade elevada dado se tratar de fogos muito antigos e que denotam índices de degradação muito acentuados. Porém as obras em causa representam elevados custos financeiros, em particular por se realizarem numa zona com os atributos do centro histórico dadas as condicionantes urbanísticas a que está sujeito.

Num Centro Histórico que abrange uma área de 104ha, envolvidos por uma muralha medieval com cerca de 4Km, e em que morfologicamente apresenta uma malha urbana típica das cidades medievais – do tipo "radiocêntrico" – o património edificado é bastante expressivo em particular edifícios classificados e que se encontram dispersos por toda a área.

Monumentalidade que coexiste com a função habitacional do centro histórico, cuja distribuição ocorre em toda a zona pese embora ser mais acentuada no quadrante noroeste, e que corresponde às freguesias de São Mamede e Santo Antão. Freguesias onde se encontram as habitações em situação mais problemática, cuja construção remonta há várias décadas e que apresentam elevados índices de degradação física, associados à sua desadequação face às necessidades das famílias residentes e até mesmo ao afastamento das normas de construção actuais.

As habitações que se encontram num estado de degradação física mais avançado correspondem, regra geral, a fogos ocupados por inquilinos de longa data com valor de renda muito baixo. Não sendo rentável investir e perante a inexistência de alternativa legal para substituir os inquilinos ou as condições de contratualização – quando os contratos existem – frequentemente estas casas não são sujeitas a quaisquer tipos de obras até que os inquilinos as deixem de habitar, por motivos de ordem natural – morte – dada a idade média muito avançada da população residente.

Podem ainda ocorrer pequenos melhoramentos com vista a que os inquilinos fiquem dotados de um bem-estar mínimo. Mas porque na maioria dos casos existem conflitos permanentes entre inquilinos e proprietários, a realização das obras não são autorizadas por estes, facto que dificulta consideravelmente a aplicação dos Programas de Recuperação existentes para o Centro Histórico de Évora.

Importa evidenciar as múltiplas carências em termos de infra-estruturas destas habitações, e particularizando algumas das deficiências apresentadas é de referir a ausência de casas de banho, as dimensões reduzidas ou as más condições de salubridade (divisões interiores sem luminosidade nem arejamento).

É neste tipo de habitações que residem os agregados familiares mais carenciados, pelo que a realização de pequenas obras no interior das habitações, muitas vezes sem recurso a licenciamento, tem em vista aumentar o seu rendimento mensal pela adaptação da casa para arrendamento a estudantes universitários.

No Centro Histórico de Évora o arrendamento público é praticamente inexistente, pelo que a primazia do arrendamento privado surge como um complemento importante do rendimento do agregado familiar, que como se demonstrara anteriormente situa-se em níveis muito sofríveis. Nestas circunstâncias o arrendamento no local é bastante procurado em particular pelos estudantes pela proximidade à Universidade de Évora, biblioteca e de mais serviços ou lazer, associados à sua actividade quotidiana, quer seja diurna quer nocturna. A atractividade do Centro Histórico, para estes, leva a um considerável volume da procura que por sua vez origina naturalmente um aumento dos preços atendendo à escassez da oferta.

Paralelamente, e face ao progressivo decréscimo da população residente no centro histórico considera-se que *"... a política de defesa e preservação do património encarece o processo de reabilitação e/ou reconstrução das habitações no interior da muralha; e o facto de a cidade ser monumento nacional era já por si, factor do aumento dos custos de morar no centro histórico. Cremos que, daí a necessidade, por parte dos seus residentes, de procurar habitação onde as vantagens económicas ou os custos fossem, respectivamente, maiores ou menores.*" (Cascais, 1993:419), o que tem contribuído para o aumento do número de fogos devolutos numa clara manifestação de especulação imobiliária.

Fogos devolutos que causam impactos negativos na imagem que transmitem da cidade associados aos perigos que daí advêm com interferência directa na segurança da população residente/presente e transeuntes do Centro Histórico.

As questões da segurança vs insegurança no Centro Histórico surgem, pois, como uma outra dimensão que está inevitavelmente associada ao perfil sociológico da sua população e principais características do parque habitacional e património edificado.

Traçado urbano que apresenta no seu interior, e fora dos eixos de maior concentração comercial, edifícios fechados sobre as ruas onde se concentra a maior percentagem da função residencial, com problemas de degradação física de habitações e uma população residente envelhecida, maioritariamente feminina[4], que coexiste com o crescente aumento de turistas e estudantes universitários e ainda de outros frequentadores diários[5] da cidade.

A agitação diurna típica de uma cidade, ainda que de média dimensão, e nomeadamente de um Centro Histórico tido como centro vital da malha urbana pelo predomínio da sua função de terciarização em detrimento da residencial, contrasta com a quebra acen-

---

[4] Com base em informação recolhida através de inquérito aplicado à população, pelas Juntas de Freguesia de Évora, em 2007 o centro histórico tem aproximadamente 37% de mulheres com mais de 65 anos face ao total da população. Estrato populacional bastante vulnerável no que respeita às questões de segurança.

[5] Deslocam-se ao Centro Histórico para trabalhar/negociar ou usufruir de serviços públicos, sendo os principais responsáveis pelo acréscimo do trânsito e das dificuldades de acessibilidade ao local.

tuada deste em período nocturno, em particular em momentos de maior acalmia da população presente, decorrente das pausas lectivas e sazonalidade do fluxo turístico. Facto que está indubitavelmente associado à distinta faixa etária dos residentes do Centro Histórico face aos estudantes universitários que ocupam sazonalmente este espaço por possuírem residência fixa noutro local ou dos turistas que visitam a cidade.

Dada a especificidade das três freguesias urbanas do centro histórico, pareceu-nos interessante proceder à análise da criminalidade de que foram palco nos últimos três anos, como consta do quadro que se segue.

QUADRO 2 – Criminalidade no Centro Histórico de Évora, 2005 a 2007*

				Variação Absoluta 2007 com	
Freguesias	2005	2006	2007*	2005	2006
São Mamede	81	79	61	-20	-18
Sé e São Pedro	200	186	199	-1	13
St.° Antão	102	85	105	3	20
Total	383	350	365	-18	15

Fonte: PSP – Comando Distrital de Évora

* A informação relativa a 2007 corresponde ao valor acumulado até Outubro.

Criminalidade que apresenta uma variação absoluta total de sentido inverso em 2007 face aos dois anos antecedentes, sem menosprezar o facto das informações relativas a 2007 não corresponderem à totalidade dos meses importa realçar, desde logo, que se em 2006 ocorreu um decréscimo de criminalidade comparativamente a 2005, em 2007 expressa um aumento, que a manter esta tendência evolutiva nos dois últimos meses do ano a variação absoluta será ainda maior. E a incidência da criminalidade no Centro Histórico é já de, em média, um crime por dia.

É na freguesia de São Mamede que ao longo de todo o período temporal em análise se verificou uma redução da criminalidade, sendo esta já a mais baixa ocorrida em qualquer uma três freguesias, facto que se poderá ficar a dever à predominante função residencial associada à especificidade do seu tecido socio-demográfico, isto é apresenta uma população acentuadamente envelhecida detentora de habitações de longa data na freguesia cujas relações de vizinhança e correspondente entreajuda se têm vindo a reforçar ao longo dos anos.

Circunstâncias que conferem maior inteligibilidade ao tipo de crime que predomina na freguesia, e que são as ofensas corporais voluntárias, danos, roubos/furtos do interior de veículos e outros crimes contra as pessoas (apresentando este último tendência para aumentar no ano de 2007). É certo que esta tipologia de crimes também ocorreu de forma destacada nas freguesias de Santo Antão e da Sé e S. Pedro, porém crimes como condução com TAS» 1,20g/l ou outros crimes contra o património não são relevantes na freguesia de S. Mamede.

Contrariamente é na freguesia da Sé e S. Pedro que estes últimos se revelam mais expressivos por se tratar de uma área onde se localizam as habitações de maior porte e arquitectonicamente mais ricas. Algumas delas estão adstritas à função residencial enquanto outras são ocupadas por serviços da Administração Pública. Coexiste ainda um variado conjunto de casas comerciais muito bem restauradas conjugando o traçado inicial com a modernização das lojas. Logo a mais elevada incidência de criminalidade patrimonial comparativamente à restante área intra-muros. Por outro lado, o seu traçado rodoviário e correspondente centralidade face ao centro histórico, associado a uma manifesta taxa de ocupação por parte de locais de diversão nocturna, tende a justificar o número muito expressivo de casos de condução com TAS» 1,20g/l. Aliás, trata-se do tipo de criminalidade que mais se acentuou ao longo dos três anos em referência, como é dado a observar pelo quadro que se segue.

FIGURA 6 – Evolução do tipo de crimes ocorridos no Centro Histórico de Évora de 2005 a 2007*

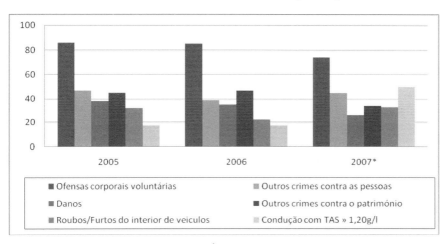

Fonte: PSP – Comando Distrital de Évora

*A informação relativa a 2007 corresponde ao valor acumulado até Outubro.

No Centro Histórico de Évora predominam, ainda, os crimes de pequena violência sobre pessoas, danos e roubos/furtos do interior de veículos assim como outros crimes contra o património. A pequena violência afecta a segurança do cidadão comum, mas também o comércio local, não só pelos assaltos a estabelecimentos, como pelo facto de os clientes não se sentirem confiantes.

Tipologia de crimes que poderá ser complementada pela análise com base na codificação proposta pelo Ministério da Justiça, e que consta da figura 7. Para o caso concreto do Centro Histórico de Évora concluiu-se que a criminalidade violenta[6] é o grupo de crimes

---

[6] A criminalidade violenta engloba os crimes que implicam qualquer tipo de violência.

que apresenta menor incidência, e com tendência para decréscimo apesar de pouco acentuado. É pois a criminalidade patrimonial que predomina[7], embora tenda a diminuir ao longo do período temporal em análise, e por isso a aproximar-se do número de denúncias referentes a outros crimes ocorridos, os quais tendem a aumentar, muito em especial de 2006 a 2007.

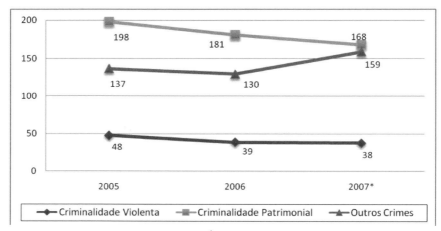

FIGURA 7 – Criminalidade no Centro Histórico de 2005 a 2007*

Fonte: PSP – Comando Distrital de Évora

* A informação relativa a 2007 corresponde ao valor acumulado até Outubro.

Volvidas duas décadas após a distinção da UNESCO, o Centro Histórico de Évora denota evidentes fragilidades no que concerne aos seus aspectos sócio-demográficos e património edificado. Se a classificação do local com Património da Humanidade "constitui motivo de orgulho e satisfação para os eborenses, veio trazer a toda

---

[7] Entende-se por criminalidade patrimonial o conjunto de todos os crimes contra o património.

a população e à autarquia uma maior responsabilidade e consciencialização da necessidade de manter e revitalizar todo o núcleo
antigo." (Simplicio 1997:123).

Mas o resultado mais visível é o crescimento da cidade de Évora
"também porque «despejou» uma parte daqueles que, conscientes do
custo de morar numa cidade essencialmente para ver, alienaram o
direito de ser pobres no centro histórico para ser menos pobres na
periferia." (Cascais 1993:420).

A política municipal acentuou os problemas devido ao facto de
incentivar a concentração de actividades nocturnas, bares e discotecas no Centro Histórico, a par de um êxodo aparentemente imparável dos residentes com capacidade de escolha.

Cada vez mais o casco histórico de Évora fica à mercê de uma
população flutuante, que o povoa especialmente entre as 23h e as 4h
ou 5h da madrugada e que inevitavelmente dá cobertura a um submundo de marginais responsáveis pelos pequenos delitos e até por
alguma violência que esporadicamente vem acontecendo. O mesmo
submundo que aprende a dinâmica da cidade, reconhece cada lugar,
identifica cada "vítima"potencial de um assalto…

Pelas políticas urbanas que se têm sucedido na preservação de
uma imagem mais ou menos "medieval", Évora é uma "cidade fan-
tasma" a partir das 19h, e a sua população idosa e predominantemente feminina fica inevitavelmente mais vulnerável.

4. Alguns Apontamentos Finais sobre Políticas Urbanas para os Centros Históricos

A visão de preservação monumentalista, dos centros históricos,
vigente no início do séc. XX, deu lugar à visão de recuperação ver-
sus reutilização e mais recentemente este conceito de revitalização
assume maior abrangência – a qualidade de vida e o ambiente são
eixos de intervenção prioritária complementados com questões

como poluição, acessibilidades, higiene, segurança entre outros de natureza social – e em que o planeamento assume evidente preponderância.

É neste contexto que as políticas municipais para Évora têm sido definidas desde os finais dos anos 70, encontrando-se datado de 1979 o Plano Director Municipal – pioneiro no pais – o qual definiu objectivos claros para toda a cidade e nomeadamente para o Centro Histórico:

– não alteração dos edifícios;
– adaptação dos grandes edifícios a equipamentos sociais;
– limitação ao aumento do número de fogos;
– recuperação dos quarteirões mais degradados.

Em paralelo a recuperação e preservação do centro histórico é alvo de estudo, dando origem ao Programa de Recuperação do Centro Histórico, no qual a preservação do património histórico construído encontra paralelo com a preocupação com o combate à desvitalização e consequente preservação dos valores sócio-culturais e económicos dos seus residentes.

Seguiram-se outros instrumentos de planeamento autárquico, denotando mutações de natureza qualitativa ao nível de conceitos e de objectivos de intervenção, cuja percepção actual nos leva a afirmar que os seus impactes não foram tão visíveis e eficazes quanto as expectativas criadas em torno dos mesmos, muito em particular devido a constrangimentos financeiros.

Complementarmente e visando a revitalização urbana, os programas estatais de âmbito nacional também apresentam aqui a sua aplicabilidade mediante programas de apoio financeiro destinados à recuperação de edifícios, mas sem grande adesão por parte dos potenciais beneficiários.

E é na competitividade das autarquias para atraírem mais população que os aspectos da revitalização urbana e da segurança são essenciais porque traduzem melhores serviços e mais qualidade de vida.

A questão da iluminação é muito relevante, pois os equipamentos (mobiliário urbano) modernos, pelo seu carácter cada vez mais impessoal e destituído, pela sua incapacidade de "pertencer" a alguém ou sequer à cidade, apelam ao vandalismo.

Só se evita a criminalidade nas cidades modernas incentivando a relação de pertença com os lugares, a necessidade de cultivar boas maneiras e costumes, uma autocontenção vigilante e permanente. Os equipamentos antigos suscitavam nos utentes o desejo de imitarem a sua postura digna. Em Manhattan, as formas ordenadas da cidade reflectiam-se na forma de estar e nas atitudes das pessoas.

Talvez a subdivisão ou formação de unidades mais pequenas das forças de segurança, até na periferia das grandes cidades, seja um caminho para facilitar tais posturas, associada a uma "tolerância zero" para a generalidade dos crimes urbanos. Devem ainda serem traçadas novas estratégias, o que pressupõe também modificação de alguns procedimentos adoptados. Melhor comunicação, maior capacidade de actuação das unidades operacionais, melhor processamento de dados, maior sentido de responsabilidade, menores procedimentos burocráticos. A actualização das estatísticas parece essencial, como por exemplo em Maple – Nova York – através de relatórios semanais.

"Foi a natureza divina que nos deu o campo e foi o engenho do homem que construiu as cidades" (Marco Terêncio Vanucci, Séc I a.c.).

E o espaço público, por natureza de partilha, tem que ser ordeiro, seguro e asseado, para que haja um funcionamento harmonioso da máquina urbana. Cidades na Holanda, EUA, Dinamarca, Finlândia são exemplos da importância da iniciativa privada na gestão municipal.

Logo, uma estratégia de requalificação do Centro Histórico de Évora, com as políticas a que necessariamente obriga, será naturalmente o princípio de um caminho para o aumento da tranquilidade e segurança.

Bibliografia

CÂMARA MUNICIPAL DE ÉVORA
1995 Plano de Urbanização Évora (3.ª revisão) aprovado pela Assembleia Municipal em 22 de Janeiro de 1999 e 29 de Outubro do mesmo ano e ratificado através da Resolução do Conselho de Ministros n.º 13/2000 de 28 de Março.

CASCAIS, Mariana de Jesus
1993 A Urbanização dos Homens e a Urbanização dos Espaços – O Caso Particular do Alentejo, Tese de Doutoramento.

CASCAIS, Mariana de Jesus
2000 A Avaliação do Fenómeno Urbano, UE, Évora.

MAGNET, Myron
2001 Paradigma Urbano – as cidades do novo milénio, Quetzal Editores, Lisboa.

MARTINEZ, Emílio
2001 "*Centros históricos en Perspectiva. Observaciones sociológicas al análisis y la planificación territorial*", Revista Catalana de Sociologia, 14.

OLIVEIRA, Manuela
s.d. Centro Histórico de Évora – Problemática e Desafios para o Séc. XXI, Câmara Municipal de Évora (Depart. Centro Histórico), Évora.

OLIVEIRA, Manuela (coord)
s.d. Para uma Caracterização do Centro Histórico de Évora, Câmara Municipal de Évora (Depart. Centro Histórico), Évora.

SIMPLICIO, Maria Domingas
1997 Evolução e Morfologia do Espaço Urbano de Évora – Tese de Doutoramento.

SIMPLICIO, Maria Domingas
1999 Évora: Problemas do Desenvolvimento Urbano e Perspectivas Futuras, A cidade de Évora – Boletim de Cultura da Câmara Municipal de Évora II Série, n.º3, Litosul, Évora.

Outros Documentos consultados:
INE – informações estatísticas
PSP – Comando Distrital de Évora – dados sobre a criminalidade.

ÉVORA, 6 DE DEZEMBRO DE 2007

A ADAPTAÇÃO DAS FORÇAS DE SEGURANÇA AO REORDENAMENTO DO TERRITÓRIO – BREVES REFLEXÕES[1]

NUNO CAETANO LOPES DE BARROS POIARES
2.º Comandante Distrital de Polícia de Beja
Mestre em Sociologia

RESUMO: No presente artigo o autor tece uma reflexão sobre alguns mecanismos que as forças de segurança, em particular a PSP, têm necessariamente de se munir para se adaptarem às mutações exógenas, mormente as alterações urbanísticas e o reordenamento do território, analisando o caso concreto do Aeroporto Internacional de Beja.

PALAVRAS-CHAVE: Segurança urbana, respostas integradas, urbanismo, re-ordenamento do território.

SUMÁRIO: I. Nota introdutória; II. A adaptação das forças de segurança ao reordenamento do território; III. Algumas conclusões.

---

[1] O presente artigo representa a comunicação apresentada pelo autor no dia 06 de Dezembro de 2007, no Seminário subordinado ao tema "Urbanismo, Segurança e Lei", promovido pelo Instituto Superior de Ciências Policiais e Segurança Interna, em parceria com a Faculdade de Arquitectura da Universidade do Porto, Universidade de Évora, Governo Civil de Évora, Câmara Municipal de Évora e a Fundação Eugénio de Almeida, em Évora.

I
Nota introdutória

Antes de mergulhar na reflexão que me propus trazer para cima da mesa, quero agradecer o amável convite que me foi dirigido pela figura – que já é uma referência nacional no domínio das ciências Jurídico-criminais – do Sr. Director do Centro de Investigação do Instituto Superior de Ciências Policiais e Segurança Interna.

Quero ainda saudar os restantes ilustres membros da Mesa, bem como todos aqueles que hoje, por um motivo ou por outro, entenderam que podiam aprender algo (porque saber escutar e debater ideias enformam um processo de aprendizagem) sobre um tema que começa a ganhar, tendencialmente, maior pertinência e actualidade, sobretudo quando a própria Universidade, de mãos dadas com as forças de segurança, começa a promover iniciativas desta natureza, para além da criação de oferta de formação pós-graduada sobre temas afins.

Quero, por fim, referir que representa, para mim, uma dupla satisfação poder estar presente neste Seminário. E digo "dupla satisfação" porque sinto que estou perante vós numa "dupla qualidade". Por um lado, na qualidade de Oficial de polícia, exercendo actualmente funções como 2.º comandante distrital da PSP de Beja. E, por outro lado, como peça de um *puzzle* maior que constitui o Centro de Investigação em Sociologia e Antropologia *Augusto da Silva* da Universidade de Évora, com quem mantenho algum contacto desde a conclusão dos meus estudos de mestrado. É por isso gratificante, para mim, poder estar aqui hoje a falar-vos vestindo estas duas "fardas", a de Oficial de Polícia e a de ex-aluno e membro de um centro de investigação de uma Universidade que ainda no passado dia 1 de Novembro comemorou 448 anos de existência, sendo indubitavelmente uma das *Academias* mais antigas da Europa e uma referência – que eu pessoalmente posso atestar – enquanto Universidade secular com um ensino de excelência.

II
A adaptação das forças de segurança
ao reordenamento do território

Posto isto, e tecida uma primeira nota introdutória vamos então entrar no tema que nos foi proposto.

Importa antes de mais referir que, na tentativa de ser mais objectivo, vou cingir-me a uma análise na óptica da actividade da PSP, com contornos diferentes das restantes forças de segurança, pelo seu cariz predominantemente urbano, com um cunho civilista, com uma forte movimentação sindical, enfim, diferente, naturalmente, das características que balizam uma força de segurança como, por exemplo, a Guarda Nacional Republicana (GNR).

Não se pretende nesta Sede apresentar um ensaio sobre sociologia urbana – longe de nós essa exigente pretensão, cujo rigor científico (que deve surgir sempre como luz orientadora nestes espaços de reflexão para que se evitem *enviesamentos* ou a tentadora manipulação da informação) obrigaria a um maior aprofundamento e a uma pesquisa mais exaustiva – mas o nosso ensejo é tão só cruzar, de uma forma pouco ousada, alguns conhecimentos que possuímos sem olvidar aquilo que são as actuais práticas policiais e, em que medida, podemos alterar o actual estado da arte. Para isso dividimos esta abordagem em quatro pontos.

Assim, diria, – em primeiro lugar – que a profissão polícia – a par de outras – é, por definição, uma actividade que exige uma permanente adaptação (até porque, nos termos da lei portuguesa[2], a PSP tem uma organização única para todo o território nacional, o que permite, por via da regra, desempenhar funções em qualquer ponto do País e até, inclusivamente, no seguimento de acordos internacionais, no estrangeiro).

---

[2] *Vide* artigo 2.º da Lei n.º 53/2007, de 31 de Agosto (diploma que aprova a Lei Orgânica da PSP).

Sabemos que a esmagadora maioria dos profissionais de polícia vive, pelo menos uma experiência de contacto com o desconhecido. Olhando para a classe dos Agentes, que representa a fatia mais significativa da Organização PSP, não temos dúvidas que, como é normal, aquando da conclusão do curso de formação de Agentes na Escola Prática de Polícia, em Torres Novas, esses novos polícias têm, em regra, que iniciar a sua actividade profissional pelos quatro maiores comandos territoriais (Lisboa, Porto, Setúbal e Faro) antes de conseguirem a colocação junto de "casa". E este processo, como sabemos, por vezes, demora mais de uma década, pois as listas de espera são extensas. O mesmo acontece quando um Agente é promovido à classe de Chefes e até mesmo aos Oficiais, sempre que são promovidos: o contacto com novas realidades é pois uma constante na vida de polícia, sobretudo para quem valoriza a progressão na carreira em detrimento da proximidade da família.

Estamos pois a falar de seres humanos que, de um dia para o outro, são inseridos em cenários muitas das vezes totalmente desconhecidos e que, com o pouco apoio existente – nomeadamente o facto de o serviço ser acompanhado por colegas mais antigos – nada mais existe.

A este propósito, há algum tempo que, em conversas com os meus pares, venho defendendo que o ideal seria adoptar uma ferramenta que o mundo empresarial já emprega há muito e que, pelo que tenho pesquisado, demonstra ser uma mais-valia no enquadramento dos recém-chegados (sejam recém-formados Agentes, Chefes ou Oficiais; ou até mesmo para profissionais com experiência mas que vão desempenhar novas funções). Estamos pois a falar dos designados *Planos de Acolhimento*.

Na prática cada profissional recém-chegado teria que passar por um período de adaptação de uma a duas semanas – note-se que não estamos a referir-nos do período probatório – para conhecer a nova realidade, a quem seria entregue um Manual actualizado, que devia existir em todos Comandos metropolitanos, regionais ou distritais, adaptados a cada nova realidade, onde seria apresentada a área geográfica da jurisdição da PSP, um organigrama do Comando em que vai iniciar o exercício de funções, com a menção dos diversos responsáveis pelas Subunidades e Serviços, uma breve súmula biográfica dos responsáveis institucionais na região com interesse para a actividade da PSP, a localização das escolas, dos bares, das discotecas, dos pontos de abastecimento de combustível, a localização habitual dos "arrumadores de automóveis", a prática de prostituição, a existência de sem-abrigo, as artérias com maior histórico em termos de roubos, alguma informação estatística da evolução criminal, a História do território em análise, as festas anuais, os costumes e hábitos desse povo, etc.

Esta informação seria ministrada *in loco*, no terreno, mas ainda em espaço de *briefing*, com visitas a todos os serviços que compõem o Comando territorial, onde seriam abordados os maiores problemas criminais, sociais, etc. Dar-se-ia a conhecer a evolução criminal, os fenómenos emergentes, as áreas cinzentas da malha urbana, os grupos de risco, as épocas do ano com maiores fluxos de cidadãos, os bairros problemáticos, os projectos da PSP em curso e as parcerias. Seria pois um mecanismo – entre outros – para ultrapassar o actual estado das coisas e facilitar a adaptação do polícia à nova realidade.

Um segundo aspecto que quero destacar é que, quando se fala em reordenamento do território, deve-se necessariamente pensar em desenvolvimento sustentável. E, quando se fala em "desenvolvimento sustentável", não se pode menosprezar o factor *segurança pública* e o papel das forças de segurança para o crescimento sustentável das restantes valências: o turismo, o comércio, a indústria, o ensino, a saúde, etc.

É um lugar-comum referir-se que existe uma relação muito forte, por exemplo, entre a designada geografia do medo na sociedade hodierna e a procura turística. Territórios fortemente marcados pelo sentimento de insegurança não serão seguramente cartões de visita atractivos, com repercussões directas numa economia regional ou nacional. Já o ilustre Professor ROQUE AMARO refere que o desafio mais significativo do século XXI – a par dos desafios demográfico, do novo Quadro geo-estratégico, da Competitividade e da Diversidade[3] – é o desafio da segurança[4]. Se este último não estiver garantido todos os outros, numa linguagem popular, "cairão por terra".

Partilhamos assim da visão de VASCO FRANCO e ARNALDO JOÃO, quando referem que "em boa verdade, não há em Portugal uma prática generalizada de consideração do factor *segurança pública* no desenvolvimento de um projecto urbanístico em qualquer das suas fases. A legislação estabelece regras em matéria de segurança do edificado (risco de incêndio, risco sísmico, ascensores) mas é omissa quanto à ponderação de elementos de prevenção da criminalidade"[5].

Falar pois de reordenamento do território deverá implicar, daqui para a frente, uma abordagem metodológica multidisciplinar – onde entre a arquitectura, o urbanismo, as ciências sociais, as ciências jurídicas, entre outros domínios, mas também as designadas ciências policiais com um olhar mais sensível para determinada perspectiva da realidade e que poderá representar uma mais-valia na discussão de futuras opções neste âmbito, permitindo, dessa forma, que uma intervenção desta natureza se situe num patamar social e pedagógico, partindo da problemática ecológica e também das questões de ecodesenvolvimento.

---

[3] Aos quais abusivamente associamos outro desafio, mormente o ambiental/ecológico.

[4] *Vide* AMARO, Rogério Roque (2003), *Notas da disciplina de Gestão de Recursos Humanos*, curso de mestrado em Sociologia, Évora: Universidade de Évora. Professor Associado com Agregação do ISCTE.

[5] *Vide* FRANCO, Vasco e JOÃO, Arnaldo (2007), *Segurança e Urbanismo: Segurança e Gestão Urbana in* GOUVEIA, *Jorge Bacelar e* PEREIRA, *Rui Carlos (Coords.),* ESTUDOS DE DIREITO E SEGURANÇA, pp. 377, Faculdade de Direito da Universidade Nova Lisboa, Coimbra: Edições Almedina.

Na prática, no nosso entendimento, os projectos urbanísticos devem passar a ter sempre presente uma análise ao impacto deli-tuoso[6] que vai causar determinado projecto urbanístico após a sua conclusão (tal como deve acontecer com as questões ambientais) para melhor aferir as opções recomendáveis na perspectiva de se pre-venirem situações que *a priori* poderão ser evitáveis. Para tal, seria desejável, na minha opinião, a opção pela criação de uma fórmula com diversas variáveis como, por exemplo, a previsibilidade de lumi-nosidade do espaço, a cor e a arquitectura dos edifícios (são formas ou cores agressivas ou, por outro lado, conseguem transmitir sereni-dade?), quais os acessos a esse espaço, os transportes públicos, as zonas *mortas* causadas pelos edifícios, o número de espaços fechados, o tipo de vegetação, a existência de jardins ou recintos infantis, o tipo de estabelecimentos de lazer (por exemplo, existem cafés, bares, escolas, casinos e *casas de alterne* nas imediações?), a distância desse novo espaço ao departamento policial mais próximo, a distância desse espaço aos bairros considerados social e criminalmente problemá-ticos, os sistemas de prevenção situacional a empregar (os edifí-cios vão ter alarme ou vídeo-vigilância? As portas da entrada têm características especiais de forma que demovam quaisquer intenções menos lícitas?), o tipo de cliente que vai adquirir habitação nessa área geográfica, entre outros factores.

As forças de segurança deverão ser – na nossa perspectiva e sem-pre que possível – auscultadas, através de um parecer fundamentado, aquando das decisões de índole urbanística.

Estas preocupações e reflexões, a par da auscultação das forças de segurança, contribuirão seguramente para uma nova visão da sociedade e um Mundo mais seguro.

---

6 É de propósito que não utilizamos a terminologia "impacto criminal" pois consideramos que seria uma noção um pouco limitativa do alcance que preten-demos transmitir, não englobando inclusive as meras incivilidades que nem sem-pre consubstanciam actos tipificados penalmente.

No seguimento deste enquadramento surge o terceiro aspecto: a cidade é indubitavelmente um palco de inter-relações humanas e a segurança já se tornou um bem consumível, onde as empresas de segurança privada ganham maior margem de manobra, destacando-se como mais um actor neste grande palco. Também não é menos verdade que a configuração do meio urbano é uma vertente fundamental para a tomada das decisões táctico-policiais.

Nesta medida, entendendo a Cidade como um grande palco, em analogia com o pensamento de Erwing Goffman que, nos anos 50 do século passado, apresentou o seu modelo teatral na Universidade de Chicago, que ficou conhecido como o interaccionismo, que entende o tipo da vida social organizada nos limites físicos de um imóvel ou de um estabelecimento, julgo que não existem dúvidas de que os seres humanos respondem aos estímulos exógenos que lhes são apresentados. Perante um bairro cinzento, com o lixo amontoado, em que as regras de trânsito raramente se cumprem, com muitos pontos fechados onde os jovens se aglomeram à noite, é provável que haja uma maior propensão para o cometimento de incivilidades.

Não existem dúvidas – sendo actualmente um lugar comum – que o espaço físico urbano pode precipitar comportamentos desviantes ou incivilidades. É pois urgente o necessário discernimento clarividente para que se evitem ou cometam os mesmos erros do passado, como foi, por exemplo, permitir a criação de verdadeiros guetos nos subúrbios da grande área metropolitana de Lisboa.

Em quarto lugar, e por último, quero apresentar um exemplo concreto de adaptação das forças de segurança à reconfiguração da malha urbana.

Há mais de dois anos que o Comando Distrital de Polícia de Beja tem mantido conversações com a Empresa de Desenvolvimento do Aeroporto de Beja (EDAB) no seguimento da implementação do considerado vértice essencial do triângulo do Alentejo, conjuntamente com Sines[7] e Alqueva, mormente o projecto de adaptação da Base Aérea de Beja para fins civis. Isto porque, naturalmente, com a criação de um Aeroporto Internacional no distrito de Beja – com arranque previsto para o 2.º trimestre do ano de 2009 – a PSP teve que prever a criação de uma Subunidade de Segurança Aeroportuária, a criação de uma estrutura autónoma para as equipas de inactivação de engenhos explosivos e subsolo, a criação de um gabinete de atendimento na aerogare, a formação do pessoal em segurança aeroportuária, a formação em línguas, prever o aumento do Quadro legal do Comando distrital, etc.

Foi pois necessário fazer um diagnóstico. Este aeroporto dista cerca de 4 a 5 quilómetros da área de jurisdição da PSP, aproveitando algumas das valências já existentes da Base Aérea militar n.º 11, nomeadamente a pista principal, mas vai seguramente representar um processo de desenvolvimento, com repercussões para a dinâmica da cidade de Beja, quer em termos de hotelaria, restauração, arrendamento de habitação, oferta e procura de emprego, aumento do fluxo rodoviário, maior número de pessoas em circulação, mas também em termos criminais.

Segundo dados fornecidos pelos órgãos de comunicação social, o aeroporto de Beja prevê atingir, entre partidas e chegadas, uma média de 178.000 passageiros em 2009, que poderão aumentar até 1,8 milhões em 2020, segundo as previsões da empresa responsável pelo projecto[8].

Estas mudanças, sobretudo em matéria criminal, são uma consequência natural do processo de desenvolvimento que pode, contudo, no que diz respeito aos aspectos mais negativos (como é caso da criminalidade) ser controlado.

---

[7] No dia 2 de Dezembro de 2007 realizou-se a oficialização do início do concurso para a Concessão Baixo Alentejo IP 8 Sines – Beja, em plataforma de auto-estrada.

[8] *Vide Aeroporto de Beja poderá atingir 1,8 milhões de passageiros em 2020*, Caderno Dois, Fevereiro de 2007, Beja: Diário do Alentejo.

A PSP tem que se preparar necessariamente.

Quais as necessidades físicas e materiais?

Como funciona e o que é que se pode adaptar de uma estrutura policial com algumas características semelhantes, como é caso da Divisão de Segurança Aeroportuária de Faro?

Quais as necessidades de formação?

Quais as necessidades em matéria de recursos humanos?

Que acréscimo de volume processual vai representar a dinâmica do aeroporto?

Que tipo de selecção, treino e avaliação de competências deverá ser desenvolvido?

Qual o impacto de um aeroporto internacional a poucos quilómetros da cidade de Beja? Que riscos, vulnerabilidades e ameaças representará a aviação civil?

Será que a cidade vai ver essa distância reduzida com a criação de infra-estruturas entre a área urbana e o Aeroporto Internacional (como se prevê em matéria de restauração, hotelaria e até na criação de entrepostos chineses como foi noticiado pelos Órgãos de Comunicação Social)?

Que investidores estão interessados no futuro aeroporto e que tipo de investimento pretendem desenvolver?

Qual o impacto das fortes conversações com empresários chineses?

Existem motivos para estarmos atentos e preocupados com um provável acréscimo da criminalidade?

Perante este enquadramento não faria sentido alargar a área de jurisdição da PSP até ao novo Aeroporto internacional?

Este vértice estratégico não vai culminar num reordenamento da malha urbana?

É este tipo de questões que se nos colocam actualmente perante uma provável e eminente mudança que vai, seguramente, representar um novo desafio em termos de espaço urbano e que, naturalmente, vai exigir um esforço suplementar por parte das forças de segurança e, consequentemente, uma necessidade de adaptação das mesmas.

Para isso é necessário um planeamento sério. Uma análise prospectiva, estratégica, com visão, antecipando cenários, antevendo problemas e avançando com propostas de adequação para que a capacidade de resposta, nessa altura, seja de facto uma realidade. Isto tudo, para que não se ande a trabalhar, como é normal em Portugal, a "reboque" dos problemas.

Urge pois uma forte dose de visão e massa crítica.

III
Considerações finais

Tal como em um teatro, em que o cenário é pensado para o tipo de encaminhamento e espírito vivencial que se pretende transmitir ao público, também no reordenamento do território deverá existir uma tendencial e crescente sensibilidade para as políticas securitárias. Para isso as forças de segurança deverão representar um parceiro estratégico e imprescindível.

Julgo que *esta é a principal lição*: hoje em dia poucos assuntos relacionados com o Homem e o Mundo poderão continuar a ser tratados de uma forma isolada, por técnicos munidos do seu saber inconfessável. Hoje, mais do que nunca, para problemas complexos exigem-se respostas multidisciplinares, e onde a Polícia pode e deve, de facto, desempenhar um papel fundamental enquanto parceiro com uma visão da realidade distinta dos restantes actores sociais.

Esperemos pois que o discernimento dos responsáveis deste país ajude a superar o actual enquadramento.

Disse.

FORÇAS DE SEGURANÇA E TERRITÓRIO: EIXOS DE UMA ADEQUADA TERRITORIALIZAÇÃO

HELDER VALENTE DIAS
Director de Ensino do Instituto Superior
de Ciências Policiais e Segurança Interna

Introdução

O Tema que hoje pretendemos tratar, "Forças de Segurança e Território: Eixos de Uma Adequada Territorialização"[1], tem constituído nos últimos anos, em Portugal e no estrangeiro, preocupação central da polícia[2] e das políticas públicas de segurança. A nova "*governance* da segurança" tem uma componente local, uma componente nacional e uma componente supranacional[3] e o novo para-

---

[1] Enquadrado, necessariamente, numa temática mais vasta, objecto de reflexão dos oradores que fazem parte da mesa de hoje – "A Adaptação das Forças de Segurança ao Reordenamento do Território".

[2] A polícia é aqui entendida em sentido amplo, compreendendo a polícia administrativa geral (aquela que se ocupa predominantemente de questões gerais de ordem, segurança e tranquilidade públicas); a polícia judiciária (à qual cabe a investigação dos delitos, a reunião das provas e a entrega dos suspeitos aos tribunais encarregados de os punir); e a polícia administrativa especial (que se baseia no exercício de competências especializadas em razão da matéria). Ver ao respeito Sérvulo Correia, "Polícia", *in Dicionário Jurídico da Administração Pública*, Vol. VI, Lisboa, 1994, p. 393.

[3] José Ferreira de Oliveira, *As Políticas de Segurança e os Modelos de Policia-*

digma de polícia privilegia a actividade preventiva em detrimento da repressiva.

É neste contexto que importa fazermos destacar a dimensão e lugar que a questão territorial tem no novo paradigma de polícia. Num passado recente, e ainda hoje entre nós, a polícia ocupava-se predominantemente da lei e da ordem e toda a sua actividade era parameterizada pela lei. No novo paradigma, a polícia, além do mais, melhora a qualidade de vida das populações locais e, para tanto, recorre a estudos, faz diagnósticos e adapta respostas, tendo em vista a resolução de problemas locais de segurança.

Ao invés do que sucedia no passado, em que o Estado detinha o monopólio da segurança, hoje a segurança é uma co-produção de todos os actores, de entre os quais destacamos as populações afectas a certa parcela do território. Depois, a polícia ocupava-se, principalmente, da segurança do Estado, das suas fronteiras, das suas instituições, do seu regime político. Hoje, a polícia ocupa-se, sobretudo, da segurança dos cidadãos no espaço onde vivem e trabalham.

No passado, a prioridade da polícia era o crime lucrativo e violento, aquele que ameaçava abanar os fundamentos do Estado. Hoje, prioritários são os problemas das comunidades locais. Em síntese, o novo paradigma de polícia pode consubstanciar-se numa nova estratégia de actuação que passa pela afectação de recursos a uma parcela do território, para com os cidadãos se resolverem os problemas locais.

Decisivo será agora saber-se quais os eixos fundamentais de uma adequada territorialização da polícia, objecto principal desta comunicação, sem os quais a mudança de paradigma não poderá operar-se e que, aliás, sempre se encontram presentes, nos processos

---

mento: A Emergência do Policiamento de Proximidade, Almedina, Coimbra, 2006, pág. 68 e seguintes e Nuno Severiano Teixeira et Alia, *Estudo Para a Reforma do Modelo de Organização do Sistema de Segurança Interna: Relatório Preliminar*, Instituto Português de Relações Internacionais, Universidade Nova de Lisboa, 2006, pág. 32 e seg.

reformistas levados a cabo, designadamente, em Espanha ou na polícia de Nova Iorque. Ao respeito, temos uma visão holística que passa por quatro eixos fundamentais: adequada divisão do território; determinação da unidade policial territorial por excelência; estrutura e dinâmica da unidade territorial; e, finalmente, um novo sistema de gestão[4].

1. A Divisão do Território: Conjunto Sócio-Geográfico com Identidade Própria

Entre nós a divisão do território para efeitos policiais obedece a uma multiplicidade de critérios que é uma consequência da diversidade de forças e serviços de segurança que integram o Sistema de Segurança Interna. Desde logo, muitas vezes, a divisão do território funda-se em critérios administrativos, por exemplo, freguesias, concelhos, etc. Outras vezes, são as características físicas do território que determinam tal divisão, por exemplo, zonas urbanas, rurais ou orla marítima.

Também é frequente a divisão do território em razão da matéria. É assim que, por exemplo, tratando-se de pequena criminalidade a polícia competente será uma. Tratando-se de criminalidade grave será outra. Tratando-se de estrangeiros outra diferente. Tratando-se de trânsito ainda outra diferente daquelas. Isto só para exemplificarmos, porque se quiséssemos ser exaustivos esgotaríamos com esta temática o tempo destinado à nossa comunicação.

No nosso entendimento, tal situação é incompatível com a ideia de uma estratégia de actuação global em que a polícia é afec-

---

[4] Não acreditamos que a aproximação das polícias às populações se faça por "despacho" sem que se alterem as condições estruturais de organização e funcionamento das polícias.

tada a uma parcela do território para resolver os problemas locais[5]. Temos assistido em Portugal a impulsos reformistas, sobretudo depois de 1995, que podemos caracterizar de fragmentados por se basearem numa embrionária política pública de segurança[6]. Tais impulsos são, a nosso ver, ainda insuficientes e pouco abrangentes.

Sobre este assunto, a última reforma levada a cabo pelo Governo português[7] acrescentou o seguinte: em primeiro lugar, as forças de segurança não devem partilhar freguesias; em segundo lugar, devem evitar-se as descontinuidades territoriais, principalmente, nas áreas metropolitanas de Lisboa e Porto. Ora, nesta matéria, acompanhamos aqueles que pensam que o único critério válido para a divisão do território seja por conjuntos socio-geográficos com identidade própria[8].

Os problemas de segurança das comunidades locais, ou da sua falta, são hoje matéria complexa, muitas vezes exigindo intervenções multidisciplinares além das capacidades da polícia. A resposta policial deve, por isso mesmo, ser global para afrontar os problemas daqueles conjuntos sócio-geográficos com identidade própria. Em síntese, para um problema amplo e complexo de certa parcela do território deve existir uma resposta ampla e complexa da polícia local.

---

[5] Sobre este assunto ver, por exemplo, Paulo Jorge Valente Gomes, "Modelo de Polícia de Nova Iorque: um Caso de sucesso", *in Estudos de Homenagem ao Professor Doutor Germano Marques da Silva*, Almedina, Coimbra, 2004, pág. 369 e seg., ou Cuerpo Nacional de Policia, *PolIcia 2000: Proximidad, Coordinación, Especialidad*, Dirección General de la Policia, 1999.

[6] José Ferreira de Oliveira, *As Políticas de Segurança e os Modelos de ...*, Almedina, 2006, pág. 229 e seguintes.

[7] Resolução do Conselho de Ministros n.º 44/2007, Publicada no DR n.º 55, I Série, de 19 de Março, que aprovou as opções fundamentais da reforma da Guarda Nacional Republicana e da Polícia de Segurança Pública.

[8] Conjunto sócio-geográfico com identidade própria será aquela parcela de território, mais ou menos extensa, onde vivem e/ou trabalham uma ou várias comunidades, a que seja possível atribuir, do ponto de vista policial, um perfil criminológico e/ou de insegurança.

2. A Unidade Territorial Policial: a Polícia Integral "Plantada" no Território

Neste domínio, o caminho percorrido entre nós indicia a ideia de pulverizar o território com esquadras[9]. Ora, mais esquadras pode não ser exactamente igual a mais e melhor segurança. Uma esquadra, tal como hoje é entendida, garante o atendimento público, a segurança das instalações e uma resposta precária, no sentido exigente do novo paradigma de polícia, face à demanda de segurança das populações locais.

A título de exemplo, o Comando Metropolitano de Lisboa, no ano de 2005, empenhava diariamente 828 policiais para garantir o atendimento ao público nas esquadras. Tal situação configura um desperdício de importantes recursos humanos nas palavras de Pedro Teixeira[10].

Na linha de Pedro Teixeira, a aposta das polícias nas grandes cidades europeias tem sido em sentido contrário ao que temos podido assistir em Portugal. Diferentemente do que sucede entre nós, a Europa tem apostado em unidades territoriais policiais de maior dimensão e de maior capacidade operacional, maximizando deste modo recursos, ao invés de os espartilhar por esquadras de pequena dimensão e reduzida capacidade operacional.

---

[9] Na Polícia de Segurança Pública a unidade policial territorial, por excelência, é a esquadra, conforme se retira do n.° 1, art. 38.° da Lei n.° 53/2007, de 31 de Agosto, que aprovou a orgânica da Polícia de Segurança Pública. Já no caso da Guarda Nacional Republicana a unidade policial territorial, por excelência, é o posto, por força do n.° 1, art. 39.° da Lei n.° 63/2007, de 06 de Novembro, que aprova a orgânica da Guarda Nacional Republicana.

[10] Pedro Alberto Nunes Teixeira, *Polícia de Segurança Pública Numa Cidade Metropolitana*, Trabalho Final do Curso de Direcção e Estratégia Policial, ISCPSI, Lisboa, 2005.

Acompanhamos, nesta matéria, Pedro Teixeira e mantemo-nos fiéis à ideia já veiculada entre nós, no início dos anos noventa[11], que a unidade territorial policial, por excelência, deve ter amplas valências policiais. É que, como já se disse, os problemas locais de segurança são complexos e multidisciplinares e, neste sentido, a capacidade de resposta da polícia local deve ser igualmente ampla e envolver todas as valências: prevenção, investigação criminal, reacção e informação e conhecimento.

Trata-se, no nosso entendimento, de "plantar" importantes recursos policiais ao território. Defendemos, portanto, unidades policiais territoriais de dimensão e geometria variáveis, adaptadas às necessidades de segurança locais, mas, em todo o caso, sempre com dimensão e valências superiores às actuais esquadras – o que designamos por polícia integral "plantada" no território.

Dir-se-à que não há recursos para tanto. Não parece quando se comparam os *ratios* com países de referência. Entendemos que o grosso dos recursos se encontram ainda afastados do território e dos problemas locais, na senda do velho paradigma em que revelava a defesa do Estado e, quando se afectam recursos às comunidades locais, afectam-se de forma deficiente, longe de qualquer visão sistemática, estrutural e gestionária.

3. Estrutura e Dinâmica da Unidade Territorial: Adequando a Perspectiva Funcionalista à Estruturalista

O novo paradigma de polícia, traduzido no exercício de funções complexas, exige uma nova estrutura organizacional[12]. Trata-se, no

---

[11] Fazemos notar que naquele período se implementaram diversos projectos piloto designados por Divisões Concentradas.

[12] A estrutura de uma organização pode ser definida simplesmente como o total da soma dos meios utilizados para dividir o trabalho em tarefas distintas e em seguida assegurar a necessária coordenação entre as mesmas, conforme ensina

Forças de segurança e território 115

fundo, de adequar a perspectiva funcionalista à perspectiva estruturalista. Dito de modo diferente, a problemática reside na resposta à seguinte questão: será o nosso velho *hardware* (estrutura organizacional) capaz de processar o novo e exigente *software* do novo paradigma da polícia em sentido funcional?

Estamos convencidos de que não. Pensamos que uma adequada territorialização da polícia passa também pela escolha da estrutura organizacional que facilite essa dinâmica. A estrutura das nossas unidades territoriais é, hoje, inequivocamente, uma estrutura simples de supervisão directa, tal como é entendida por Henry Mintzberg[13]. Caracteriza-se por ter uma linha hierárquica forte, alta e alongada[14].

Neste tipo de estruturas todos fazem supervisão directa e ninguém gere[15]; todos os poderes de decisão estão concentrados no topo da estrutura[16]; e, finalmente, é uma estrutura frustrante por o grosso dos seus membros não sentir autonomia e realização pessoal. Ora, a tendência na Europa parece ser pela escolha de estruturas mais achatadas e com menos níveis hierárquicos[17]. Em regra são estruturas com mais gestão e menos supervisão directa[18]. O poder

---

Henry Mintzberg, *Estrutura e Dinâmica das Organizações*, Publicações Dom Quixote, Lisboa, 1995, pág. 20.

[13] Henry Mintzberg, *Estrutura e Dinâmica das ...*, Publicações Dom Quixote, Lisboa, 1995, pág. 335 e seg.

[14] Significa isto que a comunicação entre o topo e a base da estrutura é sofrível e descontextualizada, porque os problemas que afectam o topo não são os mesmos que afectam a base e vice-versa.

[15] Fazer supervisão directa significa verificar se os subordinados cumprem estritamente a lei e os regulamentos.

[16] O verdadeiro poder de tomar decisões para resolução dos problemas locais de segurança encontram-se no topo. Estes só pensam, nem sempre bem, porque estão longe dos problemas. A base só executa, mas sem acrescentar valor por não se identificar com as decisões.

[17] O que, desde logo, aproxima mais os decisores dos executantes e, depois, aproxima mais a estrutura dos reais problemas locais de segurança.

[18] São estruturas que além da supervisão directa também têm mais gestão, quer dizer, estudam os problemas locais, fixam metas e medem resultados.

de decidir reside em quem tem o conhecimento e em quem conhece os problemas locais de segurança[19]. Trata-se de estruturas descentralizadas de elevada autonomia e grande motivação para todos os seus membros[20].

A estrutura simples de supervisão directa, em regra, produz piores decisões[21]; mostra-se mais adequada para ambientes simples[22]; interessa-lhe sobretudo o controlo sobre as decisões; e, finalmente, exige uma reduzida formação[23]. As outras estruturas, mais usuais nas polícias europeias, produzem decisões mais adequadas aos problemas locais; adequam-se melhor a ambientes complexos; controlam principalmente os resultados; e exigem uma elevada formação de todos os seus membros, incluindo os da base[24].

Posto isto, importa concluir o seguinte: em primeiro lugar, as estruturas organizacionais não devem ser tratadas como conceitos absolutos mas sim como extremidades de um contínuo[25]; em segundo lugar, não podem encontrar-se na realidade observável estruturas puras – umas, tendencialmente, reúnem mais características da estrutura

---

[19] Por isso, tendencialmente, as decisões são mais próximas e aptas à resolução dos problemas locais.

[20] Henry Mintzberg, *Estrutura e Dinâmica das ...*, Publicações Dom Quixote, Lisboa, 1995, pág. 379 e seg.

[21] Não porque os decisores de topo não tenham os necessários conhecimentos, mas porque lhes é impossível, atempadamente, conhecer todos os problemas locais.

[22] Se o ambiente em que a organização opera é simples a informação pode chegar ao decisor em melhores condições.

[23] Principalmente para os elementos da base da estrutura, porque a sua função é executar as decisões do topo, nos termos da lei e dos regulamentos, muitas vezes sem pensar.

[24] É assim que, por exemplo, um agente da polícia da República da Irlanda demora três anos a formar-se.

[25] Também aqui faz sentido lembrarmos as palavras tantas vezes repetidas pelo Professor Adriano Moreira em inúmeras intervenções a que tivemos o privilégio de assistir: os conceitos servem para nos ajudar a pensar e não para perturbar o nosso pensamento.

simples de supervisão directa, outras tendem a reunir características de outro tipo de estruturas; em terceiro lugar, e por fim, sempre se dirá que nas polícias de países de referência a estrutura organizacional das unidades territoriais tende a aproximar-se das características da burocracia profissional e a afastar-se das características da estrutura simples de supervisão directa.

4. Um Novo Sistema de Gestão: Descentralizar a Responsabilidade e Centralizar o Controlo

Territorializar adequadamente a polícia passa, no nosso entendimento, obrigatoriamente por alterar os sistemas de gestão das unidades territoriais. Casos paradigmáticos desta necessidade são, por exemplo, as reformas do Cuerpo Nacional de Policia, em Espanha, e da polícia de Nova Iorque, nos Estados Unidos da América[26].

Pensamos, também neste domínio, que o poder para encontrar as melhores respostas de gestão para os problemas locais deve pertencer aos responsáveis locais. O corolário desta autonomia de gestão é a responsabilidade acrescida pelos resultados obtidos ou não obtidos. Aqui as palavras chave são descentralizar a responsabilidade e centralizar o controlo.

Ao arrepio do que parece ser a tendência nas polícias dos países de referência, o nosso modelo de gestão continua a ser fortemente centralizado. No essencial, materializa-se num controlo apertado dos dirigentes de topo sobre as tarefas levadas a cabo pelos agentes de execução e na vigilância rigorosa sobre o cumprimento das regras superiormente estabelecidas para desenvolver as ditas tarefas.

---

[26] Sobre este assunto ver Cuerpo Nacional de Policia, *Polícia 2000: Proximidad ...*, Dirección General de Policia, 1999, pág. 118 e seg. e Paulo Jorge Valente Gomes. "O Modelo de Polícia de ...", *in Estudos de Homenagem ao Professor Doutor Germano Marques da Silva*, Almedina, Coimbra, 2004, pág. 375 e seg.

Este modelo de gestão afasta de forma irremediável a organização policial dos problemas locais de segurança. A tendência dominante, e muitas vezes de sucesso, tem-se aproximado mais de um modelo de gestão que favoreça uma liderança autónoma e local, para os problemas de segurança locais; tem-se aproximado mais de um modelo de gestão eficaz e eficiente dos recursos; tem-se aproximado mais dos modelos que privilegiam a avaliação dos resultados obtidos e não tanto o controlo apertado das tarefas a executar.

Nos modelos de gestão fortemente centralizados, como pensamos que predominantemente é ainda o nosso, embora aqui e ali se possam vislumbrar sinais de mudança[27], é frequente notar-se a ausência de indicadores de gestão. É frequente a constatação de que a cultura organizacional das pessoas do topo e das pessoas da base são fortemente diferenciadas. É frequente a ausência de sistemas de motivação que induzam à produtividade. É frequente atribuir-se importância à informação acumulada[28].

Nos modelos que tendencialmente descentralizam a responsabilidade de gestão e centralizam o controlo dos resultados é frequente notar-se que fixam objectivos e metas a atingir. Em regra são organizações muito alinhadas em que a cultura organizacional do topo não se diferencia da das bases. Detêm importantes alavancas de produtividade, designadamente através de sistemas de motivação credíveis. Por fim, são organizações que transformam a informação acumulada em conhecimento permitindo uma resposta mais apta, por ser mais científica, para afrontar os problemas locais de segurança[29].

---

[27] Por exemplo, na directiva que veio recentemente reorganizar o policiamento de proximidade, procurando unificar o tratamento dos diversos programas de proximidade.

[28] Número de detenções feitas, número de autos levantados, número de crimes registados, etc.

[29] Esta modalidade de gestão tem sido denominada "Intelligence Lead Policing". Ver João Carlos Jesus Filipe Ribeiro, *Combate à Criminalidade, Prevenção*

Notas Finais

A adequada territorialização da polícia é, hoje, uma questão de grande centralidade. O novo paradigma de polícia pode enunciar-se de forma sintética como uma nova estratégia de actuação que passa pela afectação de recursos a uma parcela do território, para que com os cidadãos se resolvam os problemas locais de segurança.

A verdadeira territorialização da polícia não pode operar-se verdadeiramente com o anúncio de novas estratégias e novas regras gerais de actuação. Estamos convencidos que uma efectiva territorialização se relaciona directamente com alterações estruturais muito profundas do panorama policial em Portugal.

Por isso, resolvemos destacar quatro mudanças estruturais que sempre se mostram presentes em formas já efectuadas nas polícias de países ocidentais de referência.

São elas a adequada divisão do território, procurando encontrar-se, tanto quanto possível, conjuntos sócio-geográficos com identidade própria. A procura da dimensão e valências da unidade policial territorial por excelência, que denominamos por polícia integral "plantada" no território. A determinação da estrutura e dinâmica organizacionais da unidade policial territorial, procurando adequar a perspectiva funcionalista à estruturalista. Finalmente, um novo sistema de gestão centrado em dois eixos: descentralizar a responsabilidade e centralizar o controlo.

Quando os processos reformistas, além de enunciarem novas estratégias de actuação, passarem a alterar a realidade das coisas, vencendo resistências e operando mudanças estruturais que conduzam à concretização das novas estratégias, então poderemos dizer, com propriedade, que estamos na senda de uma adequada territorialização da polícia.

---

da Ordem Pública e Informações Policiais, Trabalho Final do Curso de Direcção e Estratégia Policial, ISCPSI, Lisboa, 2006.

Bibliografia

CORREIA, Sérvulo, "Polícia", *in Dicionário Jurídico da Administração Pública*, Vol. VI, Lisboa, 1994.

GOMES, Paulo Jorge Valente, "O Modelo de Polícia de Nova Iorque: um Caso de Sucesso", *in Estudos de Homenagem ao Professor Doutor Germano Marques da Silva*, Almedina, Coimbra, 2004.

Lei n.º 53/2007, de 31 de Agosto que aprova a Orgânica da Polícia de Segurança Pública.

Lei n.º 63/2007, de 06 de Novembro que aprova a Orgânica da Guarda Nacional Republicana.

MINTZBERG, Henry, *Estrutura e Dinâmica das Organizações*, Publicações Dom Quixote, Lisboa, 1995.

OLIVEIRA, José Ferreira de, *As Políticas de Segurança e os Modelos de Policiamento: A Emergência do Policiamento de Proximidade*, Almedina, Coimbra, 2006.

POLICIA, Cuerpo Nacional de, *Policia 2000: Proximidad, Coordenación, Especialidad*, Dirección General de la Policia, 1999.

RIBEIRO, José Carlos J. Filipe, *Combate à Criminalidade, Prevenção da Ordem Pública e Informações Policiais*, Trabalho Final do Curso de Direcção e Estratégia Policial, ISCPSI, Lisboa, 2006.

TEIXEIRA, Nuno Severiano et Alia, *Estudo Para a Reforma do Modelo de Organização do Sistema de Segurança Interna: Relatório Preliminar*, Instituto Português de Relações Internacionais, Universidade Nova de Lisboa, 2006.

TEIXEIRA, Pedro Alberto Nunes, *Polícia de Segurança Pública Numa Cidade Metropolitana*, Trabalho Final do Curso de Direcção e Estratégia Policial, ISCPSI, Lisboa, 2005.

O OLHO D'HÓRUS: SEGURANÇA E URBANISMO

PEDRO CLEMENTE
Doutor em Ciência Política
Intendente da PSP

> "Ouvi, pois, ó reis, e entendei; aprendei, ó vós
> que governai o universo!"
>
> Sabedoria (6,1) – Antigo testamento

Antes do mais, quero saudar todos os presentes e também a organização pela realização desta iniciativa louvável.

I. DO URBANISMO À SEGURIDADE

A convergência do urbanismo com a protecção de pessoas e bens é essencial à boa governação da cidade, minimizando a sensação de insegurança dos concidadãos.

Inquieta com a prática criminal, a sociedade anda ciosa de protecção, pelo que o grande desafio gira em torno da redução do risco, sem a perda da liberdade pessoal.

Dia-a-dia, a cidade junta e separa as pessoas: à Polícia cabe guardar a ordem em público, prevenindo a ocupação do espaço público pela delinquência predatória ao regular a conformidade comportamental, segundo a lei.

O urbanismo moderno, preocupado com a segurança pública, nasceu com a visão do barão Georges-Eugène Haussmann (1809--1891), inspirado no traçado ortogonal de Eugénio dos Santos (1711-1760), projectado para a Baixa Pombalina de Lisboa, na reconstrução de 1756. A Paris moderna deve muito da sua paisagem urbana à visão de Haussmann, responsável por um vasto programa de remodelações urbanas, sob a iniciativa de Napoleão III (1853--1870). A planta haussmaniana é ortogonal, com avenidas largas e perpendiculares que, entre outras funções, impediam as barricadas dos revoltosos e facilitavam o movimento das forças de manutenção da ordem pública.

Com Ressano Garcia (1847-1911), a visão de Haussmann foi aplicada a Lisboa, nos planos traçados para as avenidas novas e a rotunda do Marquês de Pombal, em 1888, bem como à ligação da rotunda do Marquês de Pombal à Avenida da Liberdade, em 1901.

No Porto, o conjunto formado pela Avenida dos Aliados e a Praça da Liberdade, encimado pelo edifício da Câmara Municipal, denota a influência haussmaniana, o qual foi concebido, inicialmente, por Barry Parker, em 1915 e, posteriormente, desenvolvido pelo arquitecto José Marques da Silva (1869-1947), cuja obra deixou profundas marcas na cidade invicta.

Lisboa, Paris e Porto seguiram à risca a lição de Hipódamo de Mileto (500 a.C.), defensor do planeamento geométrico da urbe, da cidade aberta à mobilidade social e mercantil.

As políticas públicas em Portugal tendem a testemunhar uma integração progressiva das medidas de segurança na política da cidade, inspiradas numa visão de prevenção situacional, orientada para a solução do problema.

Os espaços fortemente urbanizados são o campo preferido da actividade criminosa e, por conseguinte, confere-se uma primazia à segurança pública, nas grandes urbes e nos anéis suburbanos envolventes, especialmente nas áreas metropolitanas de Lisboa e Porto. Hoje em dia, a PSP concentra a maioria dos seus recursos, humanos e materiais, nas zonas da Grande Lisboa e do Grande Porto, dado serem estes os pontos de maior incidência demográfica e criminal em Portugal.

Devolver o espaço público à cidade e reduzir as zonas de receios é, sem dúvida, um desafio comum aos polícias e aos arquitectos urbanos. Para mais, num tempo de privatização e de condicionamento do acesso aos espaços de uso comum, avança a proliferação das comunidades-fortaleza, vulgo condomínios fechados, à semelhança dos Pátios alfacinhas, da tardia Revolução Industrial portuguesa, onde o sentimento de pertença e a solidariedade de vizinhança estavam na base da percepção de segurança.

Ninguém alcança sozinho o cume da montanha; o controlo social do fenómeno da delinquência resulta da conjugação de esforços. A prevenção situacional na sociedade plural e aberta precisa de diálogo, pelo menos, entre os polícias e os restantes decisores urbanos.

II. DA SEGURANÇA DA URBE

A saber, a vida em sociedade comporta riscos. Apesar de cada Homem ser sócio de outro Homem, existem sempre indivíduos capazes de serem lobos para os seus irmãos.

Nos tempos modernos, não há cidade sem polícia: a tutela pública prevalece sobre a tutela privada. Por essa razão, os Estados têm os corpos de polícia, detendo a indústria de segurança privada um estatuto suplementar, sem prerrogativas de autoridade pública. A polícia pública prossegue o interesse público, enquanto a indústria de segurança privada prossegue apenas o interesse do seu cliente.

Embora seja o principal actor, o Estado não detém o monopólio da segurança pública, partilhando a co-produção da segurança com uma plêiade de actores sociais.

Na sociedade democrática, a polícia representa uma das várias agências de controlo social, cuja missão visa prevenir os comportamentos incivilizados, distinguindo-se das restantes instituições votadas à conformidade social pelas suas capacidades coercivas.

A eficiência da actividade policial impede o domínio do espaço público por forças criminosas. Assim, a actividade policial deve guiar-se pela geografia do crime e, sobretudo, pelo mapa de receios do cidadão.

Há um grande desfasamento entre o sentimento de insegurança e a realidade natural: existem situações em que o sentimento é muito exagerado em relação aos factos. Portanto, é preciso separar o facto do sentimento. Durante as comemorações das festas de Santo António, em Lisboa, as pessoas não têm medo de circular pelas vielas de

Alfama e Castelo, apesar de haver carteiristas e drogados a deambular nesses locais.

Em relação à criminalidade, a intervenção policial pode ir desde a repressão pura, até à inércia total. A polícia actua sobretudo ao nível da prevenção situacional, a qual se destina a limitar as ocasiões de crime. Contudo, a Polícia nunca abandona a prevenção social, em especial as vocacionadas para acções de sensibilização das crianças, face ao flagelo da droga e da sinistralidade rodoviária. Mesmo na prevenção neutra, a Polícia age por bem do interesse público, como seja o caso de sugerir a uma determinada edilidade a construção de uma passadeira, junto a uma escola primária. Quanto à subida aos extremos, verifica-se serem apenas casos pontuais.

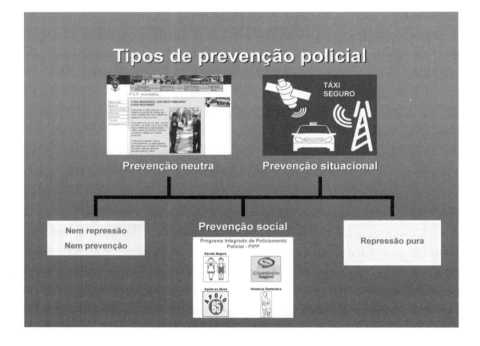

Na cidade respira-se liberdade, por isso, a praça é o símbolo da democracia e o espaço ritual de expressão do poder devolvido ao povo; aí se expressam as multidões e ocorrem as manifestações. No fundo, a praça é o centro cívico, do qual os cidadãos não podem ser exilados, e sob pena de erosão dos fundamentos republicanos. A Praça da Liberdade no Porto exibe essa mística de intervenção cívica.

A Polícia, e em particular a PSP, constitui uma organização chave na governança da segurança urbana, visível não só no patrulhamento paroquial, como nos programas especiais dirigidos à satisfação de necessidades específicas, como seja o programa Verão Seguro, destinado à segurança das residências, no verão, durante a ausência dos seus proprietários, por motivo de férias. A título de mero exemplo, só na área da PSP em 2006, foram vigiadas 7.058 residências, das quais apenas 2 foram assaltadas, apesar da diversidade do traçado imobiliário, muitas vezes dificultar a vigilância visual. Para além disso, a PSP desenvolveu, junto dos cidadãos, uma intensa campanha de sensibilização, com vista à sua consciencialização para a adopção de medidas de protecção passiva nas suas residências. Para tanto, a PSP recorre às novas tecnologias de informação, como o portal público da PSP.

A incorporação, aquando da construção do imóvel, de medidas de segurança passiva, como portas blindadas ou portarias electrónicas, com leitura de dados biométricos, contribui, decisivamente, para diminuir a probabilidade de ocorrência criminal, embora induza à transferência dos delinquentes para outros locais, mais vulneráveis e periféricos, num movimento designado por suburbanização da delinquência.

A cidade é um espaço vivo. Os sinais dos novos tempos emergem, por todo lado; a sociedade prefere a segurança máxima, espelhada na proliferação dos condomínios fechados – uma refeudalização da cidade. A segurança está a ser moldada pelo poder empresarial, todavia, a cidade tem de ser sempre um adro de liberdade cívica para todos.

Disse.

Obrigado pela vossa amável atenção.

(IN)SEGURANÇA EM ZONAS RESIDÊNCIAS. O *ESPAÇO* DA OPORTUNIDADE

TERESA VALSASSINA HEITOR
Professora Associada Agregada do Instituto Superior Técnico
Departamento de Engenharia Civil e Arquitectura
Investigadora do ICIST – Instituto de Engenharia de Estruturas,
Território e Construção da Universidade Técnica de Lisboa

Resumo

O artigo explora a relação entre o espaço construído e a ocorrência de "delitos de oportunidade" e de actividades transgressivas ou anti-sociais em zonas residenciais.

Tendo como base o referencial da "teoria de oportunidades" considera-se que tanto os delitos de oportunidade como as actividades transgressivas, decorrem do confronto entre o (potencial) transgressor/delinquente e o (potencial) alvo/vítima quando este último se encontra numa situação vulnerável em regra associada a ausência de condições de vigilância natural e controlo social. Neste processo o espaço constitui-se como um facilitador de oportunidades, emitindo informação sobre a condição de vigilância e as características dos alvos ou vítimas.

Defende-se que esta vulnerabilidade é gerada pelos condicionalismos do próprio espaço construído e está relacionada com as condições de *acessibilidade* e de *visibilidade* dos espaços de uso colectivo, i.e., de livre ingresso e de *comunicabilidade* entre o interior e o exterior da estrutura edificada. Embora a vulnerabilidade da situação se revele não causal é provavelmente não arbitrária em relação a atitudes delituosas e transgressivas.

O artigo está organizado em duas partes. Na primeira faz-se uma revisão crítica sobre as abordagens teóricas desenvolvidas em torno do conceito de vigilância natural e de controlo social e introduz-se o conceito de comunidade virtual (Hillier e Hanson, 1984). Na segunda, com base no conceito de comunidade virtual, identificam-se as condições espaciais necessárias para estimular a *vigilância natural* e o *controlo social* em áreas residenciais e deste modo procurar reduzir a vulnerabilidade do espaço construído.

Introdução

Em 1992, o Concelho da Europa, confrontado com a emergência de sentimentos de insegurança entre a população urbana, aprovou a "Carta Urbana Europeia sobre Segurança Urbana e a Prevenção de Delinquência". Neste documento é afirmado que "os cidadãos não podem usufruir plenamente o direito à cidade se a sua segurança não estiver assegurada e o seu temor da criminalidade não for dissipado".

Entendidos quer como o medo do crime, quer como a falta de adesão ao sistema normativo da sociedade e portanto, relativo a comportamentos transgressivos[1], tais sentimentos de insegurança

---

[1] Nos *comportamentos transgressivos* incluem-se atitudes não consideradas criminosas, mas que denotam um propósito agressivo e, por vezes, deliberadamente ofensivo como a destruição de equipamento e de mobiliário urbano de uso público; na quebra de vidros e na danificação de iluminação pública bem como na marcação de superfícies exteriores ou dos paramentos de edifícios com inscrições do tipo 'graffiti'.

são motivados por diferentes factores[2], interferindo negativamente na qualidade da vida urbana. Traduzidos em atitudes de desconfiança e respostas defensivas, não só perturbam as formas de interacção e de convivência social como condicionam o modo como o espaço urbano é fruído e a quotidianidade exercida.

Passadas quase duas décadas sobre a publicação deste documento, e face à crescente tendência mundial de expansão urbana, e ao processo de desintegração física e de degradação vivencial actualmente experimentado nas grandes metrópoles, assiste-se a um reforço dessas mesmas preocupações tanto ao nível da agenda politica como mediática. Assim, procuram-se estratégias para inverter a curva ascendente de actividades delituosas e transgressivas de modo a consolidar o sentimento de segurança entre a população[3].

Como refere Figueiredo Dias e Costa Andrada, (1984: 289) parte significativa da delinquência com incidência no espaço urbano está inserida no quadro da "pequena criminalidade de rua" ou do "delito de oportunidade". De acordo com a teoria das *estruturas de oportunidade* tais delitos ocorrem na presença de três variáveis: agressor/delinquente, alvo/vitima e situação. Trata-se de um complexo desiderato em que a oportunidade ocorre do confronto entre o (potencial) transgressor/delinquente e o (potencial) alvo/vítima quando

---

[2] Com base numa reflexão crítica, Baratta y Pavarini (1998) defendem que a insegurança urbana desencadeada pela noção de risco, quer de crime quer de comportamentos anti-sociais, é o produto de uma complexa construção social, motivada por factores variados, como a percepção de situações de ilegalidade difusa, a idade, sexo, estatuto social, ou mensagens emitidas pelos media dentro da qual o risco efectivo do crime assume um papel relativamente marginal.

[3] As estratégias ensaiadas, orientam-se quer para o controlo de danos quer para a prevenção dos mesmos através de um policiamento mais visível e eficaz, de integração e proximidade, com vista à detenção de delinquentes e à protecção da população, bem como da criação de instrumentos jurídicos alternativos aos existentes (e.g. leis mais rígidas associadas a penas mais prolongadas). Contudo, os indicadores estatísticos mostram que o investimento no aumento de forças policiais ou na publicação de legislação não constituem soluções eficazes para o problema.

este último se encontra numa situação vulnerável, em regra associada a ausência de vigilância. Quando o alvo/vítima está exposto a estas condições, o risco de ser vitimizado torna-se elevado. Idêntico processo se aplica às actividades transgressivas.

Neste processo o (potencial) transgressor/delinquente tende a actuar de forma racional, e de acordo com normas pré-estabelecidas (Brantingham e Brantingham, 1975, 1980, 1981). O seu comportamento-tipo envolve uma fase inicial de avaliação dos custos e dos benefícios resultantes do acto que pretende cometer. A dimensão dos (potenciais) ganhos, a facilidade e a oportunidade de cometer o acto e pôr-se em fuga, os riscos de ser reconhecido e/ou detido e as (potenciais) perdas a que está sujeito, (e.g. o tipo e a duração da pena que lhe poderá ser aplicada) assumem-se como preocupações básicas.

Salvo situações excepcionais, o (potencial) transgressor/delinquente tende a não actuar em situações que envolvam demasiados riscos, i.e., que facilitem a sua detecção ou o impeçam de agir com sucesso. No contexto dos espaços residenciais, tais riscos significam a presença de sinais de controlo/vigilância que actuem de forma a impedir o acesso ao alvo ou a dificultar a fuga[4]. Neste quadro, o

---

[4] Em *Burglar's choice of targets*, (Bennet (1989)) é analisado o processo de selecção de alvos/vítimas por parte de delinquentes. O autor entrevistou 128 detidos por assalto a residências.' Os entrevistados eram todos do sexo masculino sendo que cerca de metade tinha idade inferior a 21 anos. Durante a entrevista observaram um vídeo com imagens de 36 habitações unifamiliares em 4 zonas urbanas distintas. As imagens tinham sido captadas a partir de um furgão em velocidade lenta de modo a simular um percurso pedonal. Foi-lhes pedido para avaliarem os níveis de vulnerabilidade das habitações e identificassem os factores de risco. verificou que as suas principais inquietações estavam relacionadas com a possibilidade de serem detectados e com a facilidade de acederem ao alvo pretendido i.e. obstáculos à intrusão. Os indícios de actividade no interior das habitações, a eventual presença de residentes ou a existência de outras habitações na proximidade foram considerados os principais factores de risco de detecção enquanto os dispositivos de segurança (e.g. grades, muros, vedações, sistemas de vigilância, alarmes) constituíam-se como obstáculos à intrusão.

espaço construído constitui-se como um facilitador de oportunidades, emitindo informação sobre a vulnerabilidade da situação e as características dos alvos ou vítimas, ou seja funciona como um "affordance" Gibson (1979)[5].

Como o (potencial) transgressor/delinquente utiliza essa informação para localizar e decidir sobre o (potencial) alvo/vitima a atingir, a presença de sinais de controlo/vigilância pode constituir um factor inibidor de eventuais delitos.

Tais sinais podem ser induzidos por via activa/natural e/ou passiva/artificial. A primeira – vigilância natural e controlo social – refere-se àqueles que podem intervir sobre a acção que está a decorrer. Por *vigilância natural* entende-se o resultado da presença constante (ou frequente) e diversificada em termos da composição etária, de passantes nos espaços exteriores. Por *controlo social* designa-se o conjunto de relações sociais caracterizadas por um (re)conhecimento mútuo mínimo, entre indivíduos que habitam numa certa proximidade física, e pela utilização não-forçada nem pré-estabelecida, dos mesmos locais (v.g. serviços públicos, comércio, paragem do autocarro, etc.), resultante do exercício da quotidianeidade urbana.

A segunda via – vigilância artificial – aplica-se a dispositivos de segurança. Inclui a manipulação de variáveis morfológicas, i.e. ao nível do espaço urbano em particular através da manipulação das condições de acessibilidade física e visual e a instalação sistemas mecânicos ou electrónicos como gradeamentos, fechaduras blindadas, alarmes ou circuitos de video-vigilância.

Ao identificar as propriedades morfológicas que estão associadas a estes sinais é possível construir instrumentos analíticos com capacidade para explorar e compreender o uso do espaço. No que se

---

5 Gibson (1979) introduziu o termo "*affordance*" para se referir aos aspectos do ambiente que ao serem percebidos interferem – restringem e/ou modulam – nos usos e nas atitudes. *Affordance* corresponde portanto à capacidade do espaço, transmitir as formas com é possível interagir com ele.

refere à via activa/natural, parte-se do princípio de que a sua ausência está associada aos condicionalismos do próprio espaço construído. Tais condicionalismos, não sendo determinantes, são os que advém da capacidade do espaço ou, mais precisamente, a organização espacial desempenhar várias funções, de modo a gerar condições espontâneas de *vigilância natural* e de *controlo social* entre a população.

Note-se que existe uma distribuição irregular da oportunidade de ocorrência das actividades delituosas e/ou transgressivas nas áreas urbanas porque estas têm distribuições irregulares de pessoas e actividades. Isto significa que existem vários tipos de delitos de oportunidade e de actividades transgressivas com lógicas espaciais próprias[6]. Por exemplo, no roubo de via pública, os carteiristas tendem a actuar em zonas movimentadas ou em lugares sobrelotados enquanto os assaltantes quer de carros, quer de pessoas e residências procuram lugares pouco movimentados.

1. Do conceito de vigilância natural ao conceito de comunidade virtual

Os conceitos de "vigilância natural" e de "controlo social" enquanto factores dissuasores de actividades delituosas surgem na década de 60 no âmbito dos trabalhos desenvolvidos por Jane Jacobs (1961), sob a designação de "eyes on the strett", sendo posteriormente desenvolvidos por outros autores.

As estratégias propostas por estes autores partem do principio que o ambiente urbano pode influenciar actividades delituosas e/ou transgressivas de dois modos: fisicamente proporcionando as condi-

---

6 Já em 1920 a Escola de Criminologia de Chicago ao estudar a localização espacial das áreas de delinquência juvenil no centro da cidade de Chicago, detectara que os índices de delinquência eram mais altos no centro urbano do que em áreas periféricas (Shaw e Mckay 1942).

ções espaciais onde os indivíduos actuam; socialmente promovendo as relações sociais a que os indivíduos respondem de modo a promover no potencial delinquente a percepção de risco.

Comum às abordagens apresentadas está o pressuposto de que organização do espaço residencial, não sendo neutra face à forma como o espaço é utilizado, constitui a essência da vigilância natural, embora para este funcione seja necessário a presença de vigilantes activos, dispostos a vigiar e a proteger os outros. Divergente é contudo o modelo de organização espacial proposto e a composição dos designados agentes de vigilância activa.

Para Jacobs o contacto social é a base de uma convivência urbana tranquila, sendo que a ocorrência de actividades delituosas e/ou transgressivas está relacionada com a ausência de mecanismos de vigilância natural e controlo social decorrentes da insuficiência de actividade urbana. Assim, defende que a estrutura reticulada suportada por quarteirões de dimensão reduzida, a demarcação clara entre os espaços de domínio público e privado, a constante irrigação do espaço exterior por actividades contidas no edificado e a integração dos espaços exteriores de estada na rede de espaços de circulação constituem, na sua opinião, as bases do funcionamento equilibrado de uma área urbana residencial, assegurando a presença constante de passantes, por ela designados, como 'the eyes of the street'.

Óscar Newman (1972), quando uma década mais tarde retoma este tema e investiga a ocorrência de actividades delituosas em conjuntos residenciais, introduz o conceito de "espaço defensivo", i.e. a aptidão do espaço para criar zonas de influência territorial, e portanto com capacidade para induzir a acção vigilante dos residentes. O autor encara a estrutura espacial como uma hierarquia de domínios territoriais estabelecidos entre o domínio publico e o domínio privado. Tal como Jacobs defende a necessidade de uma delimitação rígida entre estes territórios, advogando que a sua ausência torna o espaço impessoal e anónimo e tornando-o, vulnerável a acções delituosas. Mas, ao contrário de Jacobs, considera fundamental promover a restrição ou a inibição de acesso físico e visual a estranhos para atingir estas condições. Para tal advoga o recurso a barreiras físicas ou simbólicas, e à segregação dos espaços por redução de caminhos alternativos que possibilitem eventuais escapatórias[7].

A abordagem apresentada por Jacobs defende um modelo de espaços residênciais suportado por espaços permeáveis em que a vigilância é assegurada tanto por residentes como por passantes enquanto que Newman apoia-se num modelo baseado em espaços hieraquizados com acessos restritos e controlados nos quais os residentes são os únicos vigilantes activos. Jacobs considera o movimento de passantes como motivo de segurança e Newman como um eventual perigo. Em termos de desenho urbano, o primeiro corresponde à formula clássica do traçado urbano aberto e permeável baseado na diversidade de usos e de actividades e suportado por quarteirões e ruas acessíveis a todos os passantes, onde é promovido o contacto social e a participação alargada. O segundo apoia-se num traçado urbano inibidor da actividade pedonal, suportado por um sistema de impasses com acessos restritos e controlados onde não é suposto o passante aceder.

No final da década de 70 Ray Jeffery propõem uma estratégia para a redução dos delitos de oportunidade em zonas residênciais através do desenho urbano e da participação da comunidade, que designa por "Crime Prevention Through Environmental Design" (CPTED)[8]. Tal como Jacobs partilha a aposta na diversidade de usos

---

[7] O trabalho de Newman teve fortes repercussões na prática urbana e arquitectónica, e em particular na concepção de espaços residenciais. O impacto deveu-se, sobretudo, ao discurso normativo em que se apoiou, essencialmente dirigido para a definição, ou correcção, de soluções conceptuais. Traduzíveis em recomendações, podem ser facilmente organizadas para servirem de guia na programação de conjuntos habitacionais e na elaboração de projectos de edifícios e de espaços envolventes.

[8] Ao longo da década de 80, vários contributos oriundos da criminologia ambiental vêm reforçar as estratégias difundidas por Jeffery e evidenciar a sua pertinência e eficácia. Actualmente o CPTED constitui-se como um movimento

e na presença continuada de actividade e consequentemente de passantes nos espaços públicos. Tal como Newman defende que o controlo social dos espaços promove no potencial delinquente a percepção de risco embora considere que este tipo de controlo deva ser apoiado em boas condições de visibilidade o que implica a remoção de obstáculos ou barreiras físicas e a presença de sistemas de iluminação eficazes.

Na década de 80 Hillier e Hanson, ao abordarem as implicações sociais da forma urbana no âmbito da teoria da Sintaxe Espacial recuperam o tema da vigilância natural e do controlo social. Adoptam uma perspectiva próxima de Jane Jacobs e criticam as propostas de hierarquização espaço-funcional apresentadas por Newman e seguidas pelo CPTED (Hillier e Hanson, 1984; Hillier et alt 1987, Hillier, 1996).

Alegam que o modelo de cidade baseado em zonas residênciais monofuncionais, destinadas a servir grupos específicos da população nega à partida a complexidade urbana. Adiantam ainda que a hierarquização espacial provoca uma sub-utilização do espaço que conduz a cidade a uma uniformização alienante. Defendem que estas condições condicionam a capacidade participativa das populações ao nível do estabelecimento de meios de controlo social e de vigilância natural na medida em que, deliberadamente, limitam as relações sociais a grupos específicos e, em regra, de reduzida dimensão bem como promovem a segregação espacial.

Baseados em informação empírica (Hillier et alt 1987, 1989, 2005), acusam Newman e os seus seguidores de utilizarem conceitos falaciosos, quando se referem ao sentido de comunidade estabelecido entre residentes, com exclusão de outros grupos e à delimita-

---

internacional com uma vertente eminentemente prática, disponibilizando um conjunto de directrizes para apoio à concepção de espaços à escla da cidade e da edificação (e.g. espaços públicos, espaços residenciais, escolas), grelhas multicritérios para a aferição dos diferentes parâmetros a considerar e para avaliação da capacidade de segurança e de vigilância.

ção física do seu território. Afirmam que tais 'laços afectivos' advém de relações de vizinhança induzidas pela proximidade e pela partilha de espaços comuns, que não têm necessariamente de estar pré-determinadas ou vinculadas a um espaço fisicamente delimitado.

Hillier e Hanson defendem que a vigilância natural é desenvolvida por todos aqueles que estão presentes num dado momento no espaço público, i.e. ao depende da presença espontânea e constante de passantes, quer sejam residentes ou estranhos. Consideram que o relacionamento entre diferentes grupos da população é fundamental para obter uma estrutura social coesa e integrada, por ele designada como "comunidade virtual" (Hillier e Hanson, 1984: 132). Advogam que tal comunidade constitui-se pela simples co-presença no espaço a qual potencia a interacção face-a-face.

Para estes autores o sentimento de segurança em zonas residenciais está associado à presença de uma *comunidade virtual* e que tal é suportado por um conjunto de factores de natureza morfológica, designadamente, da capacidade do espaço residencial ser *acessível*, i.e., estar integrado nos espaços de domínio público, ser *permeável*, i.e., directamente relacionado com outros espaços, ser *visível*, i.e., ser perceptível a partir dos espaços envolventes e facilitar a observação da movimentação dos outros passantes, ser *legível* e *previsível*, i.e., permitir um sentido correcto de orientação e *gerar actividades*, i.e., permitir que os indivíduos desenvolvam práticas quotidianas.

2. Avaliação do espaço da oportunidade

Para identificar a influência efectiva do espaço nos delitos de oportunidade e/ou nas actividades transgressivas em zonas residencias, torna-se necessário, a par de informação precisa sobre a localização e o tipo do delito, aplicar metodologias de análise espacial capazes de lidar com precisão com as várias dimensões físicas do espaço urbano.

Desde a década de 80 que Hillier e Hanson (1984) avançaram com a proposta de um quadro teórico-metodológico[9], também designado por "teoria social do espaço" ou "sintaxe espacial" com o objectivo de investigar as relações entre espaço e sociedade, ou seja, entre a forma de organização do espaço construído, as regras sociais que o conformaram e os usos decorrentes.

A sintaxe espacial é suportada por um modelo descritivo, em que a forma urbana e arquitectónica é representada, quantificada e interpretada em função das relações de acessibilidade física e visual presentes. As relações consideradas são três: *profundidade*, *contiguidade* e *controlo* espacial (Heitor 1997).

A *profundidade* de um espaço v , também designada por *acessibilidade*, corresponde à distância de v a todos os outros espaços do sistema. Um espaço será tanto mais profundo quanto maior for a sua distância aos outros espaços, i.e. quanto menos acessível for. A *contiguidade* de um espaço v, , também designada por *permeabilidade*, traduz o número de espaços directamente adjacentes. Um espaço será tanto mais contíguo/permeável quanto maior for o número de espaços confinantes com ele. O *controlo* de um espaço v precisa a importância do espaço v relativamente aos outros espaços do sistema enquanto ponto obrigatório de passagem.

A quantificação destas relações, também designada por propriedades sintácticas do sistema, permite correlacionar informação espacial com usos e actividades[10]. Com base nesta informação torna-se

---

[9] Tendo sido inicalmente desenvolvido na Bartlett Schooll sob a orientação de Bill Hillier e Julienne Hanson, (Hillier e Hanson 1984) foi posteriormente aperfeiçoado por outros investigadores (e.g. Peponis et al, 1997; Turner et al; 2001 Batty, 2001).

[10] A teoria de grafos mostrou ser um instrumento de grande utilidade para operar ao nível das relações espaciais e estruturas configuracionais visto fornecer uma enorme quantidade de resultados e de algoritmos eficientes e de utilização expedita que facilitam a análise de relações topológicas e permitem relacionar essa informação com outras de ordem funcional, formal ou geométrica.

possível analisar a distribuição espacial dos padrões de actividade pedonal (movimento e co-presença de passantes).

Os padrões de actividade pedonal fornecem informação sobre a interacção entre diferentes grupos de utilizadores e revelam o modo como as relações sociais são estruturadas e construídas no espaço e pelo espaço através da configuração espacial.

A sintaxe espacial ao permitir identificar a capacidade de uma configuração urbana gerar movimento, constitui um instrumento eficaz para compreender os efeitos da vigilância natural e estudar padrões de delinquência urbana. Para além disso, permite quantificar as variáveis espaciais, do mesmo modo que as variáveis sociais e económicas normalmente consideradas e investigar com igual precisão os padrões de crime em áreas distintas ou dentro da mesma área usando a mesma metodologia de análise. Neste sentido a metodologia da tem sido aplicada em estudos de padrões espaciais de delinquência urbana. Estes estudos mostram a existência de factores morfológicos que colaboram na redução do crime e que podem ser traduzidos princípios de desenho urbano e em orientações de projecto.

Adoptando o conceito de comunidade virtual e considerando que a vulnerabilidade do espaço residencial está associada a ausência de controlo social e de vigilância natural, defende-se que a oportunidade de ocorrência de actividades delituosas e/ou transgressivas está relacionada com as condições de *acessibilidade* e de *visibilidade* dos espaços de uso colectivo, i.e., de livre ingresso e de *comunicabilidade* entre o interior e o exterior da estrutura edificada.

As condições de *acessibilidade* física do espaço residencial referem-se à capacidade de circulação no seu interior e para o exterior. Afectam a utilização do espaço, na medida em que têm fortes repercussões ao nível da distribuição e caracterização da actividade pedonal e, em particular, no que se refere à orientação das deslocações, à selecção de percursos e locais de permanência, à polarização ou dispersão das actividades de convívio e de encontro, à composição dos grupos de utilizadores e ao tipo de actividades realizadas.

As condições de *visibilidade* do espaço residencial correspondem à capacidade de alcance visual dos espaços, ou seja, ao modo como os espaços se relacionam visualmente com os imediatamente adjacentes. Interfere na forma de utilização do espaço, na medida em que a capacidade de vigilância natural tem implicações na escolha dos locais de convívio, na composição e comportamento dos grupos que os utilizam e nas actividades que praticam. Com efeito, as relações de visibilidade entre espaços não tem necessariamente características simétricas, pois nem sempre se estabelece entre eles uma relação de reciprocidade: o alcance visual do espaço *a* em relação ao espaço *b* pode não ser idêntico ao estabelecido de *b* para *a*. Isto significa que o factor de assimetria visual entre espaços pode traduzir-se numa situação de 'ver sem ser visto', contribuindo para aumentar significativamente o controlo visual de um dos espaços sobre o outro.

A *comunicabilidade* depende da *continuidade espacial* da área residencial isto é da frequência pela qual as actividades que se desenvolvem no interior dos espaços edificados acedem directamente ao espaço exterior, e do tipo de *constituição*[11] dos espaços. Portanto, relaciona-se com as condições de penetrabilidade desenvolvidas pelas massas edificadas, designadamente, com a concentração ou dispersão de acessos, com os atributos funcionais desses acessos (decorrentes das actividades contidas na massa edificada) e com os mecanismos espaciais utilizados para separar os espaços públicos (de livre acessibilidade) dos espaços de domínio privado (de acesso restrito).

A *comunicabilidade* interfere no uso do espaço na medida em que as actividades contidas nas massas edificadas funcionam como um factor de atracção da população. Assim elas intervêm na selecção dos percursos e locais de convívio, influenciam a composição dos grupos e as actividades por eles praticadas e actuam também no supervisionamento do próprio espaço.

---

[11] Um espaço diz-se constituído quando existe um ou mais acessos directos à massa edificada.

Note-se que a forma como se processa a demarcação entre os domínios público e privado desempenha um papel determinante no processo acima referido. Com efeito, quando a passagem do domínio público ao privado não é directa e se utilizam dispositivos espaciais de transição, estes tendem a ser integrados no sistema geral de espaços de circulação[12]. Por outro lado, os espaços de transição são também concebidos como extensões funcionais dos espaços de uso privado. Como é muitas vezes incompatível o uso simultâneo do mesmo para funções tão diferenciadas, a inexistência de uma fronteira nítida entre os domínios público e privado, transforma-os facilmente em espaços de transgressão, de agressão e de conflitualidade latente, quer entre a população residente quer entre esta e a não-residente[13].

3. Reduzir a oportunidade

A partir de estudos empíricos desenvolvidos em áreas residenciais (Heitor, 2001), verificou-se que a vulnerabilidade do espaço está geralmente associada a um conjunto de factores resultantes da interrelação entre várias propriedades morfológicas dos espaços. Neste processo, as condições de acessibilidade e de visibilidade bem como as formas de comunicabilidade da estrutura edificada constituem factores básicos a ter em conta, já que estas variáveis interfe-

---

[12] Nese caso, as relações de permeabilidade estabelecidas com os espaços vizinhos e as condições de visibilidade resultantes das relações desenvolvidas entre eles e com o interior dos espaços privados, vão ter repercursões na sua utilização. Em particular na selecção de percursos, na composição do grupo de utilizadores, nas actividades praticadas e na vigilância natural dos espaços.

[13] Nas zonas em estudo é frequente observar-se a presença de dispositivos de obstrução espacial (grades, cancelas, portas, etc) colocados nos acessos aos espaços de transição com o objectivo de delimitar fisicamente os espaços de dominio público e privado e impedir o ingresso de população não residente.

rem directamente nos padrões de vigilância natural e de controlo social pela presença activa de passantes e de população residente em que se favorece a observação directa dos acontecimentos. Assim, considera-se que nas estratégias de concepção de espaços residenciais, se tenha em consideração:

1. a integração espacial da zona residencial na área envolvente, de modo a facilitar o acesso ao seu interior e evitar a criação de espaços sem contacto físico e/ou visual com as áreas de maior intensidade de movimento,.

2. a articulação das diferentes partes que compõem a zona residencial, de modo a criar um conjunto espacialmente integrado baseado na complementaridade e na interdependência entre os espaços que o constituem e a evitar a autonomização de partes.

3. a abolição de situações de visibilidade assimétrica.

4. a comunicabilidade da massa edificada, de modo a assegurar a continuidade espacial e a constituição do maior número de espaços.

5. a simplificação da relação entre os espaços do domínio público e do domínio privado suprimindo a sobre-hierarquização do sistema espacial e evitando o acesso livre em espaços de domínio semi-privado, como por exemplo galerias.

Referencias

BENNET, T. (1989) *Burglar's choice of targets* in Evans, D. and Herbert D. (eds) *The Geography of Crime* Routledge New York

BRANTINGHAM, P.J. e Brantingham,P.L. (1975) "The Spatial Patterning of Burglary" in *The Harvard Journal* 14 (2) 1975

BRANTINGHAM, P.J. e Brantingham,P.L. (1980) "Residential Burglary and Urban Form" in *Criminology Review Yearbook*, pp.475-486, 1980 (originally Urban Studies, 12 (3), Oct 1975)

BRANTINGHAM, P.J. e Brantingham, P.L. (ed) (1981) *Environmental Criminology*, Sage, Beverly Hills, 1981

DIAS, J.F. e Andrade, M.C. (1984) Criminologia, O Homem Delinquente e a Sociedade Criminógena, Coimbra Editora Ltd, Coimbra

HEITOR, T. (2001) A Vulnerabilidade do espaço em Chelas; Uma Abordagem Sintactica Textos Universitários de Ciências Sociais e Humanas, Edição da Fundação Calouste Gulbenkian e Fundação para a Ciência e Tecnologia, Lisboa

HILLIER, B.e Hanson, J. (1984) The Social Logic of Space, Cambridge University Press, Cambrifdge

HILLIER, B., Burdett, R., Peponis, J. and Penn, A. (1987) 'Creating Life: Or, Does Architecture Determine Anything?' *Architecture et Comportment / Architecture and Behaviour*, **3** n.° 3 pp.233-250

HILLIER, B., Grajewski, T., Jianming, X, e Jones, L. (1989) 'The Spatial Pattern of Crime on the Studley Estate' Unit for Architectural Studies, Bartlett School of Architecture and Planning University College London, Feb. 1989

HILLIER, B., Sahbaz, O. (2005) *High resolution analysis of crime patterns in urban street networks: an initial statistical sketch from an ongoing study of a London borough;* Proceedings of the Fifth International Space Syntax Symposium, University of Delft 2005; 13-17th June 2005; Conference paper

JACOBS, J. (1961) *The Death and life of Great American Cities The failure of Town Planning,* (1984) Penguin Books Ltd, Harmondsworth, Midlesex, England

JEFFERY, C. R. (1977) *Crime Prevention Through Environmental Design,* Beverly Hills, CA: Sage Publications

NEWMAN, O. (1972) *Defensible Space: Crime Prevention Through Urban Design* McMillan, New York, 1972 (The Architectural Press, 1973)

SHAW, C.R.e Mackay H.D. (1931) *Social Factors in Juvenile Delinquency,* Government Printing Office, Washington D.C.

SHAW, C.R. e Mackay H.D. (1942) *Juvenil Delinquency in Urban Áreas* University of Chicago Press, Chicago, 1942 (revised Edition 1969)

O PAPEL DAS UNIVERSIDADES NA REVITALIZAÇÃO DOS CENTROS HISTÓRICOS[1]

CONCEIÇÃO REGO
Departamento de Economia
CEFAGE – Universidade de Évora

ISABEL RAMOS
Departamento de Planeamento Biofísico e Paisagístico

1. Introdução

Os efeitos das instituições de ensino superior (IES) nas cidades e nas regiões são muito variados, tendo reflexos em diversos domínios, como por exemplo, ao nível económico, do emprego, da qualificação da população activa, da transferência de tecnologia e de inovação e da melhoria da qualidade de vida da população local. As IES também contribuem de forma variada para a alteração do ambiente sócio-cultural das cidades e das regiões onde se instalam, ainda que, ao contrário dos efeitos mais imediatos – de natureza económica – muitas alterações, neste domínio, apenas sejam perceptíveis a longo prazo.

---

[1] Comunicação apresentada no Seminário Urbanismo, Segurança e Lei (6/12/2007).

Contudo, não podemos apontar apenas as relações positivas entre as IES e as cidades que as acolhem. Por vezes o relacionamento entre os estudantes e os restantes habitantes da cidade é difícil: os estudantes são acusados de serem barulhentos, de terem os seus próprios modos de vida, de fazerem aumentar as rendas no mercado de arrendamento de habitação ou ainda de deixarem deteriorar o parque imobiliário onde se instalam.

Independentemente da natureza das relações que se estabelecem entre a Universidade e a Cidade não se pode ignorar que a presença desta instituição em Évora provocou – e continua a provocar – alterações às características e aos ritmos de vida de uma cidade que, até à reabertura da Universidade, estava profundamente inter-relacionada com a actividade agrícola predominante na região envolvente.

Os primeiros efeitos visíveis da presença da Universidade de Évora (U.E.) na cidade são de âmbito demográfico. A U.E. é a única instituição de ensino superior público universitário no Alentejo. Os seus cerca de 8000 alunos, ainda que representem (dados para o ano lectivo 2005/06) apenas 2,2 % dos estudantes do ensino superior português, correspondem a 43% dos estudantes do ensino superior no Alentejo e a 14% dos residentes na cidade de Évora. Naturalmente que esta presença não pode deixar de se sentir, quer em termos da alteração nos ritmos de vida quotidianos da população, como em termos da organização e gestão urbanística da cidade, com as inevitáveis consequências ao nível das condições de segurança subjacentes à vivência da cidade, e particularmente do seu centro histórico, pelos diversos grupos de residentes.

Esta interligação entre a cidade e a U.E. regista-se nos documentos oficiais das instituições universitária e autárquica. Por parte da Universidade, a ligação à região sempre esteve presente nos documentos de planeamento estratégico e, recentemente – como veremos mais adiante neste texto, por via do projecto de implementar o conceito de UniverCidade. Do lado da autarquia local, o *Plano Estratégico da Cidade de Évora*, apresenta "Évora, Cidade Universitária" como uma das seis ideias fortes do documento e afirma que à Universidade cabe "o papel de difusão dos saberes científicos", o dever de se projectar "no espaço regional e nacional como um importante motor de desenvolvimento nas vertentes cultural, social e económica" integrando-se "no seio da comunidade científica pela profundidade do seu saber e investigação acumulada, pelo prestígio dos seus mestres, pela elevada preparação científica dos seus alunos".

Este documento que visa identificar o papel das universidades nos centros históricos, em particular no que respeita à sua revivificação humana e respectivos efeitos ao nível das condições de segurança, está organizado da seguinte forma: em primeiro lugar, abordaremos, do ponto de vista teórico e conceptual, a tipologia de relações que se podem estabelecer entre as universidades e as cidades onde estas se instalam. De seguida, procuraremos avaliar os principais efeitos da U.E. na cidade onde está localizada, bem como na região envolvente e, de forma mais específica iremos detalhar os efeitos desta instituição no Centro Histórico de Évora[2]. Terminaremos esta abordagem por apresentar algumas linhas de orientação do conceito UniverCidade, recentemente apresentado à academia pela Reitoria da U.E..

2. Que tipo de relações se podem estabelecer entre a Universidade e as cidades?

Os impactes das instituições de ensino superior nas cidades e nas regiões são muito variados e têm reflexos no domínio económico, no emprego, na qualificação da população activa, na transferência de tecnologia e de inovação e na melhoria da qualidade de vida, entre outros (quadro 1). Para analisar o papel das IES no desenvolvimento económico, de um modo geral, e no desenvolvi-

---

[2] Recorde-se que o Centro Histórico de Évora foi classificado, em 1986, pela UNESCO, como Património da Humanidade.

mento das regiões, em particular, Felsenstein (1996) propõe três formas. A primeira correlaciona a concentração de actividades de alta tecnologia com as localizações de factores capazes de funcionarem como indutores de um *cluster* espacial. O segundo tipo de análise diz respeito à inserção das IES nos processos de crescimento económico, admitindo que estas instituições são unidades indutoras de crescimento, influenciando os mercados de trabalho locais, taxa de criação de novas empresas, desenvolvimento dos serviços locais e efeito do capital humano para o investimento na economia local. O terceiro nível de análise diz respeito aos estudos de impacte, do ponto de vista estritamente económico, destacando-se a abordagem pelo lado da procura para análise do impacte das IES baseada no cálculo do mecanismo do multiplicador keynesiano. Os impactes analisados relacionados com os efeitos de rendimento, produto e emprego decorrem, fundamentalmente, dos gastos das IES, dos seus funcionários e dos seus estudantes.

QUADRO 1: Principais efeitos dos impactes das instituições
de ensino superior nas regiões

ÁREAS DE IMPACTE	AUTORES	PRINCIPAIS EFEITOS	EFEITO (+ ou -)
Produto, rendimento	Beck, Elliott, Meisel e Wagner (1995) Elliott, Levin e Meisel (1988) Felsenstein (1996) Turner (1997); Goddard (1998) Woodward e Teel (2001)	Efeito multiplicador Nível de vida da população residente	+ +
	Brown e Heaney (1997) Turner (1997)	Efeito multiplicador Qualificação da mão-de-obra	+ +

Formação e emprego	Thomas (1995) Beeson e Montgomery (1993) Goddard (1998) De Gaudemar (1996) Felsenstein (1996)	Salários e rendimento Capacidade das regiões absorverem os diplomados	+ +
Conhecimento	Baslé e Le Bouch (1999) DATAR (1998) Goddard (1998) Felsenstein (1996)	Transferência de conhecimento das universidades para as empresas Atractividade regional	+ +
Ambiente sócio-cultural	Turner (1997) Goddard (1998) Felsenstein (1996) Merlin (1995)	Alterações ao nível da qualidade de vida e da oferta de bens, serviços e equipamentos Relacionamento entre os estudantes e os restantes residentes	+/-

Fonte: Rego, 2003.

Esta interpretação da inter-relação entre as IES e as regiões pode ser complementada com a análise proposta por Goddard (1998) e De Gaudemar (1996). Para o primeiro, a difusão do saber das IES para a região faz-se por via dos seus estudantes (através da realização de estágios ou projectos de investigação), diplomados e investigadores, bem como pela publicação e investigação, pelos contratos de investigação, missões de consultores que fomentam a inovação e a melhoria no domínio das tecnologias ou da gestão das organizações. O pensamento de De Gaudemar também vai neste sentido, na medida em que o autor defende que a qualidade do ensino superior pode ser aferida através da qualidade da sua ligação com o território e da sua capacidade de facilitar as dinâmicas regionais, nomeadamente atraindo estudantes e investigadores e quadros diplomados.

Resulta óbvio que os impactes económicos são dos que mais se referem quando pretendemos avaliar os efeitos das IES no meio envolvente. Em termos metodológicos, esta abordagem, sendo bastante intuitiva, torna-se difícil de validar de forma inequívoca. Se não, vejamos: os impactes económicos podem ser definidos como a diferença entre a actividade económica existente na região com a presença de IES e o nível que esta variável assumiria se a instituição não existisse, o que se torna de estimativa complexa. Ainda assim, este efeito pode ser aferido pelas diferenças nos fluxos anuais da actividade económica ou contabilizando os efeitos das instituições no stock de capital humano e tecnológico da região, retirando o valor das diferenças nos fluxos da actividade económica futura.

Centremo-nos agora no ambiente sócio-cultural. De uma forma lata, as IES contribuem de forma variada para a alteração do ambiente sócio-cultural das cidades e das regiões onde se instalam, sendo muitas destas alterações apenas perceptíveis a longo prazo. São frequentes os exemplos em que membros das IES se tornam líderes de organizações da sociedade civil; muitas IES disponibilizam, para os habitantes das suas localidades, instalações desportivas, bibliotecas, museus, livrarias, escolas de línguas, espectáculos variados de cultura erudita ou popular, restaurantes, entre outros; estão também devidamente diagnosticados os impactes no turismo, na qualidade do ambiente construído e na recuperação urbana. Não se ignora que a presença das IES confere uma dimensão significativa, em termos de estatuto intelectual, social e de aceitação, legitimando outras actividades como sejam a realização de colóquios, congressos ou manifestações científicas e culturais.

Durante muitos anos as IES contribuíram para as artes, sendo estas agora entendidas como uma indústria cultural e de entretenimento, passando a ser vistas como um factor crítico para o desenvolvimento bem sucedido das sociedades pós-industriais. Às IES cabe uma importante contribuição para os programas de âmbito cultural, no domínio literário e artístico, nomeadamente através da "criação" de um público local significativo para as artes regionais, contribuindo para a vitalidade cultural, por via da existência de museus, teatros, galerias de arte, etc..

No entanto, não podemos apontar apenas as relações positivas entre as IES e as cidades que as acolhem. Vejamos alguns exemplos em sentido inverso. Por vezes, o relacionamento entre os estudantes e os restantes habitantes da cidade é difícil (Merlin, 1995). Os estudantes são acusados de serem barulhentos, de terem os seus próprios modos de vida, de fazerem aumentar as rendas no mercado de arrendamento de habitação ou ainda de deixarem deteriorar o parque imobiliário onde se instalam.

Quando as IES têm dimensões muito grandes são acusadas pelas restantes instituições de se constituírem como "um Estado dentro do Estado". Se as IES necessitam de expandir as suas instalações, muitas vezes têm de negociar arduamente com os parceiros que são responsáveis pelo ordenamento do território nos diversos municípios. Por outro lado, em termos fiscais, nomeadamente nos E.U.A., as cidades sofrem um impacte negativo decorrente da presença das universidades devido ao facto de estas não pagarem impostos locais bem como por pagarem os serviços que os municípios lhes prestam a preços preferenciais. Mesmo as bibliotecas e os equipamentos desportivos das IES são, por vezes, apontados como pouco adequados para serem complementares às necessidades dos habitantes das cidades.

Na maior parte dos países que adoptaram o conceito da "universidade de massas", esta opção foi acompanhada por uma deterioração das condições da vida universitária (Merlin, 1995):

i) deterioração dos meios das universidades, restrições no que respeita a fazer crescer o número dos seus alunos mais rapidamente que o seu corpo docente e que os seus estabelecimentos;

ii) deterioração da integração do estudante numa comunidade universitária que vive cada vez mais para reduzir a universidade a um local de transmissão do saber;

iii) deterioração das relações da universidade com a sua envolvente, tanto no plano físico como no das relações com a comunidade.

Este autor não deixa de concluir que, contrariamente à ideia dos defensores da universidade de massas, estas evoluções apenas reforçam a existência de um sector elitista, sobretudo constituído pelos estabelecimentos mais antigos, com o seu prestígio solidamente adquirido, dispondo da maior parte dos recursos humanos e financeiros.

O ensino superior tem, pois, impactes significativos na educação, na actividade produtiva, no turismo, na qualidade do ambiente construído, na recuperação urbana e na retenção de negócios e população, ainda que não se possam descurar alguns efeitos nefastos ao nível da pressão imobiliária e da existência de hábitos sociais quotidianos diversos dos instalados entre as famílias, predominantemente idosas, que residem nos centros históricos das cidades.

3. A Universidade de Évora na Cidade: principais efeitos

A U.E. é uma das principais entidades empregadoras da cidade, dando trabalho a cerca de um milhar de funcionários e, provavelmente, aquela onde a qualificação do emprego é mais elevada. A estimação dos impactes económico-financeiros provocados por esta instituição é particularmente importante não apenas por via dos salários pagos aos funcionários residentes no concelho (cerca de 66% do total) bem como através das aquisições feitas a terceiros, dinamizando a actividade económica local aos mais variados níveis. Naturalmente que também as despesas de consumo dos funcionários, residentes ou não residentes habitualmente no concelho, realizadas em Évora, contribuem para ampliar o efeito multiplicador na estrutura económica local, decorrente da Universidade.

Mas, deste efeito é indissociável a componente que está associada aos gastos realizados pelos estudantes. Estima-se que entre os alunos que estudam na U.E., cerca de 80% não tenham residência habitual no concelho de Évora, ou seja, são vários milhares de jovens que, durante um ano lectivo – aproximadamente 40 semanas – efectuam uma grande parte das suas despesas fundamentais em Évora. Acresce-se ainda o "efeito de retenção" que não deveremos descurar, decorrente do facto da existência da Universidade permitir que os jovens filhos de agregados familiares residentes em Évora permaneçam no concelho enquanto fazem os seus estudos superiores.

QUADRO 2. Estrutura da despesa da U.E. realizada no concelho de Évora (2005)

Categoria de despesa	Total	
	Valores	%
1. Despesa com Pessoal	19.367.321,19	75,0
2. Despesa Corrente	3.957.929,58	15,3
3. Despesa de Capital	653.676,93	2,5
4. Bolsas	1.840.156,14	7,1
Total	25.819.083,84	

Fonte: Serviços Administrativos da Universidade de Évora e Serviço de Acção Social da Universidade de Évora; Unidade: euros.

A identificação das despesas realizadas no concelho de Évora permite-nos concluir pela existência de um efeito mediano, em termos financeiros, da instituição sobre o território. Mais de metade dos salários pagos pela Universidade de Évora destina-se a residentes no concelho (57%) sendo que, em termos globais, 51,8% das despesas globais se realizaram em Évora. Para a justificação destes valores concorre, particularmente, a proximidade da cidade à Área Metropolitana de Lisboa onde residem muitos funcionários docentes e onde têm as suas sedes uma boa parte das empresas com que a

Universidade mantém relações comerciais. Do conjunto de despesas realizadas em Évora, em conjunto pela U.E. e pelos Serviços de Acção Social da U.E. (quadro 2), mostram que cerca de $^3/_4$ estão associados com o pagamento de salários ou outras remunerações. No caso do Serviço de Acção Social, esta ligação com o concelho de Évora é significativamente mais intensa (83%) para o que muito contribui o facto da totalidade das bolsas pagas aos alunos estarem imputadas, na sua globalidade, ao concelho de Évora.

Contudo, os efeitos directos da U.E. só estão completos quando lhe acrescentarmos os gastos provenientes dos alunos de licenciatura que frequentam este estabelecimento de ensino. Para o cálculo do impacte da U.E., no concelho de Évora, foram considerados os gastos feitos pelos alunos não residentes e que aí permanecem durante o ano lectivo, bem como as despesas realizadas pelos alunos cujos agregados familiares residem no concelho, na medida em que, neste caso, estaremos em presença de algum "efeito de retenção" provocado pela presença da instituição. Estimativas realizadas (Rego, 2003) levam-nos a admitir que os estudantes de licenciatura efectuavam um conjunto de despesas mensais da ordem dos 457,2 euros. As componentes de alojamento e alimentação são referidas como as que concentram maior parcela dos gastos mensais (gráfico 1).

GRÁFICO 1: Estrutura da despesa média mensal
dos estudantes de licenciatura da Universidade de Évora (2005)

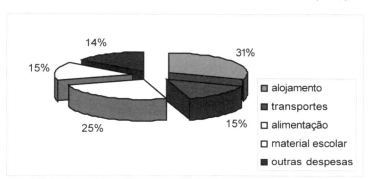

Fonte: Elaboração própria a partir de dados recolhidos por questionário aplicado aos estudantes de licenciatura.

QUADRO 3: Gastos globais da Universidade de Évora
efectuados na cidade (2004/05)

Despesa	Valor	%
Universidade de Évora	23.978.927,7	41,01
Estudantes de licenciatura	34.478.712,4	58,99
Total	58.457.640,1	100

Fonte: elaboração própria. Unidade: euros.

O valor global da despesa da U.E. no concelho ascende a mais de 58 milhões de euros, sendo que a maioria respeita aos gastos dos estudantes. Constatamos assim que, em termos financeiros, é mais significativo o conjunto de gastos dos estudantes, o que distancia, em termos de efeitos económico-financeiros, as instituições de ensino superior de todas as restantes organizações com números elevados de pessoal ao serviço e/ou salários elevados.

Estudos anteriores (Rego, 2003) permitiram estimar que a actividade económica e financeira da U.E. provoque, na economia do concelho, um efeito indirecto que se traduz na potenciação de cerca de dois mil empregos indirectos fundamentalmente no sector terciário. Em termos de indicadores de síntese, também verificamos que os multiplicadores do produto e do rendimento, no concelho de Évora, associados ao funcionamento da U.E., oscilam entre 1,2 e 1,3. O conjunto dos gastos da U.E. mais os dos seus estudantes, representa cerca de 3,6% do PIBpm (2001) do Alentejo Central e 1,2% no caso do Alentejo.

No entanto, a interacção entre a U.E. e o meio envolvente não se traduz apenas em termos dos efeitos na actividade económica e financeira da cidade, sendo bastante mais vasta. A principal forma de interacção entre esta instituição e o tecido sócio-económico regional decorre da inserção de diplomados em estágios ou nos quadros das instituições e empresas da cidade e da região, particularmente nas áreas do ensino e serviços da administração pública, com formações académicas nos domínios científicos das ciências económicas e sociais, ciências exactas e ciências agrárias, contribuindo assim para a melhoria da qualificação da população activa e do mercado de trabalho. Saliente-se que apenas cerca de 1/3 dos diplomados pela U.E. afirmam ter procurado emprego em Évora e outros tantos no Alentejo, o que decorre do facto de muitos dos estudantes de licenciatura desta Universidade desejarem regressar aos seus concelhos de origem depois de terminarem a formação. Naturalmente que, deste ponto de vista, também é relevante a proximidade com a Área Metropolitana de Lisboa onde o mercado de trabalho apresenta características de maior dinamismo do que no caso de Évora e do Alentejo.

A comunidade envolvente à U.E. (considerando aqui os seus docentes, as empresas, as entidades empresariais e os ex-alunos da instituição) quando questionada (Rego, 2003) relativamente as áreas através das quais a U.E. mais contribui para o desenvolvimento sócio-económico de Évora e do Alentejo foi unânime em referir,

O papel das Universidades na revitalização dos Centros Históricos

com mais intensidade, a contribuição para o mercado regional de emprego bem como para a melhoria da qualificação da população activa, a par do papel para a sociedade da informação e para a definição de uma visão estratégica para a região. Em termos sócio-culturais, os inquiridos são também consensuais em referir o papel da instituição nas actividades culturais e desportivas bem como ao nível da promoção da região. Em particular, destaca-se o contributo para as actividades artísticas e culturais, devido à existência de uma programação regular de actividades diversas, como por exemplo, exposições, concertos, teatro e cinema.

O concelho de Évora, com os seus cerca de 56 mil habitantes é um dos poucos concelhos do Alentejo onde se verificou um aumento da população residente (4,9% nos anos 90), ao contrário do que aconteceu em toda a região, tendo esta evolução sido mais intensa no concelho que o valor médio para o conjunto do país. Esta dinâmica demográfica naturalmente que está associada ao comportamento da actividade económica, à qual não é alheia a presença da U.E. no concelho.

O concelho de Évora tem 19 freguesias. A maioria da população (79,2%) reside nas sete freguesias urbanas. As freguesias exteriores ao núcleo central da cidade são as que registaram maior número de novos habitantes durante a última década e, simultaneamente aquelas onde os eborenses mais concentram a sua residência. As freguesias que integram o centro histórico da cidade são habitadas apenas por 10% da população do concelho. Por outro lado, é, fundamentalmente, nestas freguesias urbanas do centro histórico da cidade que os estudantes da U.E. mais procuram os seus locais de residência em tempo de aulas.

GRÁFICO 2: Distribuição da população residente
pelas freguesias urbanas de Évora (2001)

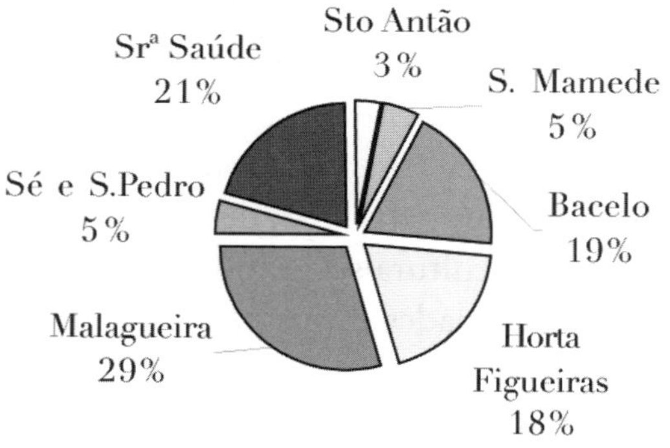

Sr.ª Saúde 21%
Sto Antão 3%
S. Mamede 5%
Sé e S.Pedro 5%
Bacelo 19%
Malagueira 29%
Horta Figueiras 18%

Fonte: CENSOS 2001, Resultados Preliminares – Região do Alentejo, INE.

Tendo em conta os dados do questionário apresentado aos estudantes[3], podemos concluir (gráfico 2) que a maioria dos que não têm residência no concelho de Évora, reside, em tempo de aulas, em casas (35,9%) ou em quartos (38%) arrendados.

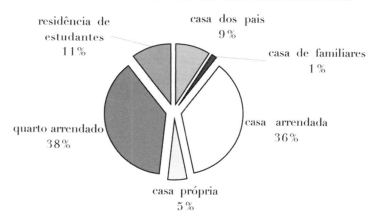

GRÁFICO 3: Locais de residência dos alunos deslocados da U.E.

residência de estudantes 11%
casa dos pais 9%
casa de familiares 1%
quarto arrendado 38%
casa arrendada 36%
casa própria 5%

Fonte: Dados do questionário aplicado aos estudantes; Elaboração própria.

---

[3] Questionário aplicado aos alunos da U.E. (Rego, 2003).

4. O caso particular dos efeitos no Centro Histórico da cidade de Évora

À semelhança de outros países (Goddard e Charles, 1994), também em Portugal algumas universidades têm contribuído para criar uma nova imagem de cidade, quer a nível do desenho urbano criado pelos seus "campus" (p.e. Aveiro) quer através da arquitectura dos próprios edifícios (como a Faculdade de Arquitectura da Universidade Técnica de Lisboa).

No caso da Universidade de Évora, a sua necessária expansão fez-se sobretudo intramuros, no Centro Histórico (CH) e não num "Campus", tendo sido construídos novos edifícios e adquiridos ou recuperados outros que, potencialmente, se teriam degradado (p.e. a Casa Cordovil ou o colégio Luís António Verney). Esta estratégia de implantação no sentido de recuperar património existente contribuiu fortemente para a revitalização deste Centro Histórico classificado mas é, contudo, bastante exigente em termos financeiros, não só pela necessidade de adequar os antigos edifícios às novas funções, preservando as suas características, como pelos custos de manutenção inerentes (refira-se, a título de exemplo, o edifício do Colégio do Espírito Santo que requer uma constante manutenção, cujos custos dificilmente podem ser comportados pelos orçamentos existentes).

O conceito de Cidade Universitária que se procurou instalar em Évora é mais vasto que a dispersão das actividades da U.E. por vários edifícios no interior do Centro Histórico da cidade.

O alojamento de estudantes, maioritariamente no centro histórico, permite que este espaço mantenha algum dinamismo ao nível da sua função residencial, evitando a progressiva "desertificação" humana, acompanhada pelo aumento da ocupação do espaço pelas actividades terciárias de forma a dar resposta às necessidades desta faixa populacional. Assim, potencia-se a existência de um CH mais vivido, diminuindo os riscos associados a um CH vazio, nomeadamente no que se refere às questões de segurança. Não é novo que a diversidade de actividades e funções e ocupação dos diferentes espaços urbanos em horas diferenciadas, enriquece esses espaços e diminui os riscos associados a crimes, roubos e outros actos de vandalismo que criam uma sensação de desconfiança e insegurança (Jacobs, 1961). Em simultâneo, verifica-se uma maior necessidade de vigilância formal, na medida em que as actividades desenvolvidas por esta população potencialmente entram em conflito com os hábitos de vida dos restantes residentes, regra geral mais idosos.

FIGURA 1: Localização dos diferentes edifícios pertencentes à Universidade de Évora. (Sem escala.)

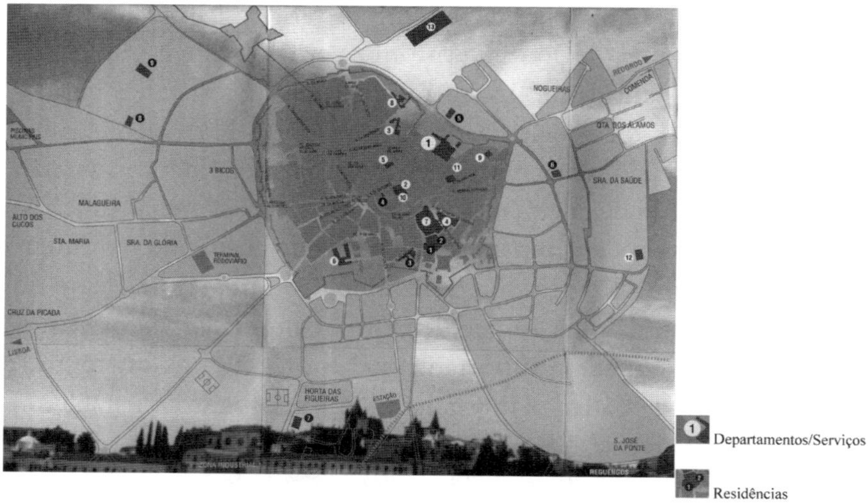

Fonte: Universidade de Évora, 2002: Guia do Estudante da Universidade de Évora 2002-2003.

Para além da dinamização do CH em termos vivenciais, refira-se que o alojamento de estudantes, em quartos ou casas arrendadas, faz-se preferencialmente nas áreas limítrofes das instalações universitárias, de forma a minimizar os tempos de percurso. Tal como acontece um pouco por toda a parte, a população residente no centro histórico é idosa e com baixo poder de compra, pelo que o arrendamento de casas ou partes de casa a estudantes funciona como um importante "suplemento" financeiro, para os rendimentos deste estrato populacional, constituídos, basicamente, por pensões e reformas. Por outro lado, esta actividade é também importante para a preservação do património edificado, na medida em que diminui significativamente o estímulo para o abandono dos edifícios antigos, melhorando as condições de habitabilidade e o ambiente urbano.

5. O futuro: o conceito de UniverCidade

A dinâmica instalada em Évora através do já referido conceito de Cidade Universitária, evoluirá agora para o novo conceito de **UniverCidade**,[4] o que requer um reequacionar da implantação física da Universidade na Cidade histórica mas também na sua envolvente extra-muros. Às novas perspectivas de desenvolvimento em termos de ensino, que passam pela consolidação da já vasta oferta formativa e educativa, de extensão e de investigação científica, acresce o desafio colocado com a desejada criação de uma Rede Regional de Ciência e Tecnologia, em articulação com outras instituições de ensino (alguns Institutos Politécnicos) e entidades empresariais, culturais e autarquias, entre outras.

Perspectiva-se, assim, a construção de novas residências, um Complexo de Auditórios, uma Biblioteca Central para a U.E., novas instalações para alguns departamentos das áreas das Ciências Humanas e Ciências Cénicas, novas instalações desportivas e a criação do Centro de Ciência Viva, a par de outras reestruturações necessárias

---

[4] As referências ao conceito de UniverCidade, aqui explanadas, decorrem da mensagem do Magnífico Reitor da Universidade de Évora à Academia, aquando das comemorações do dia da Universidade no passado dia 1 de Novembro de 2007.

à (re)afirmação da Universidade de Évora como instituição de ensino de excelência.

Para além da construção de novos edifícios, a Universidade de Évora continuará a adquirir e recuperar antigos edifícios, de que são exemplo a futura aquisição do antigo Paço dos Morgados da Bandeira (edifício anteriormente ocupado pela Academia de Música de Évora), no Centro Histórico, ou a recuperação da antiga Fábrica dos Leões, extra-muros. A Universidade, orientando a sua actuação no interesse e defesa dos interesses públicos (o que é intrinsecamente concretizado através dos seus ensinos), colocará o seu "know-how" na recuperação deste último edifício que, para além de constituir uma interessante recuperação em termos arquitectónicos, é ainda inovador em termos das soluções energéticas, nomeadamente a utilização de energias alternativas.

A concretização desta UniverCidade requer, naturalmente, um acordo global e estrita articulação com a Câmara Municipal de Évora, e implica uma estratégia de implantação intra e extra-muros que tenha em particular atenção aspectos que poderão ser problemáticos neste tipo de intervenção:

- Equilíbrio ao nível do desenho urbano, nomeadamente a integração harmoniosa entre antigos e novos edifícios;
- Acessibilidades e transportes (incluindo aqui precauções relacionadas com uma rede de transportes públicos adequada à deslocação entre os diferentes edifícios e um correcto dimensionamento de parques de estacionamento);
- Aumento do ruído provocado pelo aumento de tráfego e de circulação de pessoas;
- Aumento da produção e recolha de resíduos sólidos urbanos, sobretudo no Centro Histórico, entre outros.

6. Considerações finais

A U.E. é uma das principais entidades cuja actividade condiciona a cidade de Évora. Desde logo pelo seu papel de empregador directo, na medida em que é uma das entidades com maior número de postos de trabalho e onde o nível de qualificação dos mesmos é mais elevado. Esta afirmação pode ser corroborada através dos quase mil funcionários, docentes e não docentes, que a instituição emprega bem como por via dos mais de dois mil empregos indirectos que a sua actividade potencia, fundamentalmente no sector terciário, o mais importante na economia do concelho de Évora e do Alentejo. Constatamos também que é uma das instituições que mais massa salarial paga e das que apresenta salários médios mais elevados. Naturalmente que estes são fortemente influenciados pelas remunerações dos docentes, profissionais altamente qualificados, que auferem cerca de 80% dos rendimentos de trabalho pagos pela instituição.

Entre os principais efeitos económico-financeiros decorrentes da existência e actividade da U.E. na cidade contam-se os que se fazem sentir sobre o mercado habitacional. Os cerca de oito mil estudantes que frequentam a instituição têm um peso significativo no conjunto da população residente de Évora, moldando o seu quotidiano durante quase todo o ano. A cidade de Évora apresenta, na última década do século XX, em termos de população residente, famílias e alojamentos, um comportamento claramente positivo e profundamente distinto da realidade da região onde se insere. A esta dinâmica não pode ser alheia a actividade sócio-económica potenciada pela presença da U.E.. Particularmente significativa, mas de difícil quantificação objectiva, é a parcela dispendida em Rendas de casa. De facto, estes gastos contribuem, em inúmeros casos, para o aumento do rendimento disponível das famílias mais idosas, com menores recursos e por vezes vivendo relativamente isoladas, que habitam o centro histórico da cidade, local privilegiado para residência pelos estudantes.

Os dados e considerações expostos permitem afirmar que as universidades têm (ou podem ter) um significativo efeito catalisador em termos económicos, sociais, culturais e ambientais das cidades onde se inserem, nomeadamente no que se refere à revitalização dos seus Centros Históricos. Especialmente em casos como o de Évora, cidade Património Mundial, o diálogo e concertação entre as universidades e as entidades públicas, locais ou nacionais, nem sempre é isento de conflitos. Se por um lado estas entidades reclamam o estabelecimento de políticas de ocupação e edificação restritivas, particularmente no Centro Histórico, através dos seus diferentes planos de ordenamento (nomeadamente os de Urbanização e de Pormenor), as Instituições de Ensino Superior reclamam respostas às necessidades que se colocam ao exercício das suas actividades, sem o que deixarão de contribuir vivamente para a revitalização das cidades onde se instalam. É assim, inevitável, que se encontrem soluções de consenso e de compromisso entre as diferentes partes envolvidas que, não violando as regras estabelecidas, permitam alguma flexibilidade que viabilize a concretização das premissas inerentes àquelas Instituições. Mais atenção deve ser dada à articulação entre as universidades e as restantes entidades públicas (e também privadas), no sentido de potenciar o que, afinal, é desejado por todos: uma melhoria global nas condições de vida das populações, particularmente no que se refere à reanimação e fruição dos Centros Históricos, que se pretendem vivos, dinâmicos e seguros.

7. Referências bibliográficas

FELSENSTEIN, D. (1996), "The university in the metropolitain arena: impacts and public policy implications" in Urban Studies, 33(9), 1, 565-80.

GODDARD, J. (1998), "Contribuition au dévelopement national et regional", UNESCO, Conférence mondiale sur l'enseignement supérieur, Paris.

DE GAUDEMAR, J. P. (1996), "The higher education institutions as a regional actor: some introductory thoughts", artigo apresentado ao Centre for Educational Research and Innovation – Thirteenth General Conference IMHE Member Institutions, September (OECD).

GODDARD, J., CHARLES, D. (1994), **Universities and Communities**, University of Newcastle/Centre for Urban and Regional Development Studies, UK.

JACOBS, JANE (1961), *The Death and Life of Great American Cities*, A Vintage Book, USA.

MERLIN, P. (1995), "L'université de masse et la ville" – Villes et Universités – in *Espaces et Sociétés*, n.º 80/81, pp. 45-71.

REGO, M. C. (2003), Impactes da Universidade de Évora – Estudo de alguns efeitos no território envolvente, Tese de Doutoramento, Universidade de Évora (documento não publicado).

ÍNDICE

Nota prévia 5

Programa 7

Urbanismo, Segurança e Lei. Discurso de Abertura 11

Os Estudos de Informações e de Segurança na Universidade 15
PEDRO BORGES GRAÇA

ÉVORA, 5 DE DEZEMBRO DE 2007

Évora – uma cidade atemorizadora e encantadora 33
JOSÉ FERREIRA DE OLIVEIRA

As novas tecnologias de prevenção criminal e o urbanismo: o caso da
videovigilância 39
MANUEL MONTEIRO GUEDES VALENTE

Urbanismo, Segurança e Lei 59
MANUEL FERNANDES

Insegurança nos Centros Históricos – o caso de Évora 71
MARIANA CASCAIS/MARIA DA SAUDADE BALTAZAR

168   *Urbanismo, Segurança e Lei*

ÉVORA, 6 DE DEZEMBRO DE 2007

A adaptação das forças de segurança ao reordenamento do território –
breves reflexões 97
NUNO CAETANO LOPES DE BARROS POIARES

Forças de Segurança e Território: eixos de uma adequada territorialização   109
HELDER VALENTE DIAS

O Olho D'Hórus: Segurança e Urbanismo 121
PEDRO CLEMENTE

(In)segurança em zonas residências. O *espaço* da oportunidade 129
TERESA VALSASSINA HEITOR

O papel das Universidades na Revitalização dos Centros Históricos... 145
CONCEIÇÃO REGO/ISABEL RAMOS